Christoph Ramstein

Herausforderungen und Stolpersteine in Korinth

Christoph Ramstein

Herausforderungen und Stolpersteine in Korinth

Der 1. Korintherbrief - eine Auswahl ausgelegt für die Gemeinde

Fromm Verlag

Impressum / Imprint
Bibliografische Information der Deutschen Nationalbibliothek: Die Deutsche Nationalbibliothek verzeichnet diese Publikation in der Deutschen Nationalbibliografie; detaillierte bibliografische Daten sind im Internet über http://dnb.d-nb.de abrufbar.

Bibliographic information published by the Deutsche Nationalbibliothek: The Deutsche Nationalbibliothek lists this publication in the Deutsche Nationalbibliografie; detailed bibliographic data are available in the Internet at http://dnb.d-nb.de.

Coverbild / Cover image: www.ingimage.com

Verlag / Publisher:
Fromm Verlag
ist ein Imprint der / is a trademark of
AV Akademikerverlag GmbH & Co. KG
Heinrich-Böcking-Str. 6-8, 66121 Saarbrücken, Deutschland / Germany
Email: info@frommverlag.de

Herstellung: siehe letzte Seite /
Printed at: see last page
ISBN: 978-3-8416-0056-1

Inhaltsverzeichnis

Vorwort

Liebe Leserin,
Lieber Leser,

das Bibelwort mutet uns immer wieder Einblicke in ganz andere Zeiten und Lebenswelten zu. Hier werden wir fast 2000 Jahre zurückversetzt in die antike griechische Metropole Korinth – eine Hafenstadt. Wie lebt eine christliche Gemeinde in einer solchen Stadt? Welchen Herausforderungen und Stolpersteinen muss man sich da stellen - auch als Einzelner? Was bedeutet es, mit dem Evangelium vom Gekreuzigten und Auferstandenen in diesem Umfeld zu leben? Mit diesen 16 Predigten, alle hier in unserer Kirchgemeinde vor Ort gehalten, tasten wir uns an diese Lebenswelt der korinthischen Christinnen und Christen heran. Sie decken etwa die Hälfte des ersten Korintherbriefes ab. Immer wieder war ich in der Vorbereitung selber verblüfft, wie trotz aller Fremdheit plötzlich überraschende Verknüpfungen mit unserer Gegenwart in Kirche und Gesellschaft auftauchten.

Wiederum hat sich Christian Egger, inzwischen beflügelt von seinem Engagement unter Behinderten in der russischen Provinz, mit grossem Elan dem Lektorat gewidmet und wertvolle Verbesserungen vorgeschlagen. Das Nachwort hat Stephan Jütte, der inzwischen als Assistent und Doktorand an der Theologischen Fakultät in Bern arbeitet, verfasst. Darin spiegelt sich etwas von der Situation der Verkündigung dieser Predigten. Mein herzlicher Dank geht an beide!

Mit den besten Wünschen für eine fruchtbare Lektüre und mit freundlichen Grüssen

Christoph Ramstein

Lausen, im Sommer 2012

Zerteilt

Ich ermahne euch aber, Brüder, im Namen Jesu Christi, unseres Herrn: Seid alle einmütig, und duldet keine Spaltungen unter euch; seid ganz eines Sinnes und einer Meinung. Es wurde mir nämlich, meine Brüder, von den Leuten der Chloë berichtet, daß es Zank und Streit unter euch gibt. Ich meine damit, daß jeder von euch etwas anderes sagt: Ich halte zu Paulus - ich zu Apollos - ich zu Kephas - ich zu Christus. Ist denn Christus zerteilt? Wurde etwa Paulus für euch gekreuzigt? Oder seid ihr auf den Namen des Paulus getauft worden? Ich danke Gott, daß ich niemand von euch getauft habe, außer Krispus und Gaius, so daß keiner sagen kann, ihr seiet auf meinen Namen getauft worden. Ich habe allerdings auch die Familie des Stephanas getauft. Ob ich sonst noch jemand getauft habe, weiß ich nicht mehr. Denn Christus hat mich nicht gesandt zu taufen, sondern das Evangelium zu verkünden, aber nicht mit gewandten und klugen Worten, damit das Kreuz Christi nicht um seine Kraft gebracht wird.
(1. Korintherbrief 1,10-17)

Liebe Gemeinde!

Kennt Ihr auch Leute, die quer einfahren mit Kritik? Die ohne Umschweife zur Sache kommen und unbestechlich den Finger auf den wunden Punkt legen? Die nach kurzer Zeit begriffen haben, wo man ansetzen muss und das auch unverblümt kommunizieren? Voila! Genau das geschieht hier. Paulus fährt ein. Er kritisiert. Und zwar massiv. Doch was kritisiert er eigentlich? Wo liegt denn hier das Problem, um das es geht?

Wir haben in Korinth eine christliche Gemeinde von rund 20 bis 50 Personen. Paulus schreibt Ihnen einen Brief, weil es gewaltig quietscht im Gebälk dieser Gemeinde, die Paulus selbst gegründet hat. (vgl. Apostelgeschichte Kapitel 18) Was meint Ihr? Was ist hier eigentlich das Problem, das Paulus so scharf kritisiert? Paulus verrät schon bald sein Thema. Wir stossen auf „Spaltungen".

Etwas später redet er von „Streitigkeiten“. Und er mahnt mit vielen Worten zur Einheit. Genau bei diesem Thema setzt also seine Kritik ein!

Mich beeindruckt dreierlei:
Paulus kritisiert, aber mit einem positiven Ziel: Er möchte die Gemeinde zusammenbringen. Seine Kritik soll die Christen nicht noch mehr auseinander treiben und voneinander entfremden, sondern zusammenführen, indem sie erkennen: das Gemeinsame, das Verbindende ist Christus.
Paulus kritisiert, aber er deckt klar auf, von wem er die Informationen hat, auf die er sich bezieht. Die Gemeinde muss nicht rätseln, woher er das weiss. Er benennt die Quelle: er hat es von den Leuten der Chloe gehört. Jeder in der korinthischen Gemeinde weiss, wer das ist. Keine Schüsse aus dem Nebel. Keine anonymen Anschuldigungen. Die Informanten sind bekannt.
Paulus kritisiert, aber nicht aus Kritiklust oder Kritiksucht. Er möchte ermutigen, ermahnen, korrigieren, um die Gemeinde weiter aufzubauen und nicht, um sie niederzureissen.

Als ich die Worte von Paulus las, dachte ich zuerst an Spaltungen, die auf verschiedene Überzeugungen zurückzuführen sind. Ich dachte: Aha! In der Gemeinde von Korinth denkt der eine so über die Taufe, ein anderer aber ganz anders. Oder sie hatten vielleicht Differenzen in ihrer Auslegung von Bibeltexten - oder in ihrem Verständnis des Abendmahls - oder in ihren Vorstellungen von Gottesdiensten. Ich dachte zunächst an solche Differenzen, bei denen Paulus dann selbstverständlich und gut christlich zur Einheit mahnt.

Erst nach und nach merkte ich, dass Paulus etwas ganz anderes meint. Er beschreibt in Vers 12 messerscharf, was er kritisiert – und das war für mich eine Entdeckung. In der Gemeinde von Korinth klingt es vielstimmig – nämlich so: „Ich halte zu Paulus – ich zu Apollos – ich zu Kephas – ich zu Christus.“ Ich habe den Satz auf griechisch genauer angeschaut und ihn holprig so übersetzt: „Ich (Paulus) meine aber dies, dass jeder von euch sagt: Ich bin zwar des Paulus – ich aber des Apollos – ich aber des Kephas – ich aber des Christus.“

Das ist also mit den Spaltungen und Streitigkeiten gemeint. Die Christen in Korinth haben innerhalb der Gemeinde verschiedene Lager gebildet, verschiedene Clubs, verschiedene Parteien. Sie haben sich jeweils den Namen eines christlichen Leiters auf die Fahne geschrieben. Jeder ordnet sich einem Club innerhalb der Gemeinde zu. Dem Paulus-Club. Oder dem Apollos-Club. Oder dem Kephas-Club – gemeint ist Petrus.

Denken wir einen Moment über diese drei Leitfiguren nach. Paulus ist einer, der tiefe und schwere theologische Gedanken bewegt und weitergibt – zum Beispiel im Römerbrief. Apollos ist ein gebildeter Jude und hinreissender, brillanter Redner – Hinweise finden wir in der Apostelgeschichte. Petrus ist spontan und heissblütig – Beispiele finden wir in den Evangelien.

Was ist nun passiert? Es liegt auf der Hand! Die einen haben mehr auf Charakter und Stil von Paulus angesprochen, andere mehr auf Apollos und wieder andere auf Petrus. Das wäre wahrscheinlich auch unter uns so – und man könnte sich beispielsweise überlegen: Auf welchen von diesen drei würde ich am ehesten ansprechen?

Nun ist das ja nicht zum vornherein schlecht, wenn man christliche Vorbilder hat, die uns im Glauben vorangehen und uns anleiten. Gerade am Anfang des Christseins ist es hilfreich, wenn man sich an jemandem orientieren kann, der hineinführt in das Land des Glaubens. Man ist wie ein Kind, das die Hilfe und Unterstützung der Eltern braucht.

Doch: Kinder sollen erwachsen werden. Sie sollen selbstständige Menschen werden. Genau dieses Ziel verfolgt Paulus. Er möchte sehen, dass die Christinnen und Christen in Korinth wachsen und reifen in ihrem Glauben und mündig werden. Zur Mündigkeit gehört aber auch, dass wir aus der Abhängigkeit von christlichen Leitfiguren hinauswachsen und immer mehr aus der direkten Abhängigkeit von Christus leben. Um ihn geht es!

Paulus hätte ja auch sagen können: die, welche sich auf mich berufen, die sind im Recht. Die sind auf dem richtigen Dampfer. Die anderen, die sich auf Apollos und Petrus berufen, liegen komplett falsch. Er hätte doch seine Anhänger bestätigen können! Genau das tut er aber nicht – im Gegenteil. Sie erhalten eine saftige Abfuhr. Ich höre ihn fast reden: Leute, es geht mir doch nicht um mich, sondern um Jesus Christus, den Gekreuzigten und Auferstandenen. Schaut auf ihn! Orientiert Euch an ihm! Folgt ihm nach! Wir sind doch seine Diener, seine Mitarbeiter.

Eigenartig, was Paulus hier macht. Er entmutigt seine Fans in Korinth. Er möchte die Partei derjenigen auflösen, die sagen: Ich gehöre zu Paulus. Dafür möchte er seinen Namen gar nicht zur Verfügung stellen. Das ist die reife Reaktion eines reifen christlichen Leiters. Er führt die Menschen über sich selbst und seine eigenen Begrenzungen hinaus – zu Christus. Dort sollen sie ihren Lebensanker legen. Dort beim Gekreuzigten und Auferstandenen.

Ich staune über die scharfen Worte, mit denen er sich gegen diesen Parteigeist und die Überschätzung christlicher Leitfiguren wehrt. In der Form sind es drei rhetorische Fragen, auf die man dreimal mit Nein antworten muss. NEIN, Christus ist nicht zerteilbar auf verschiedene Parteien. NEIN, Paulus wurde nicht für Euch gekreuzigt – sondern Christus. NEIN, Ihr seid nicht auf den Namen des Paulus getauft, sondern auf den Namen Jesu Christi. Kurz gesagt: es geht Paulus nicht um Paulus, sondern um Christus! Weder er noch Apollos noch Petrus wollen christliche Stars und Gurus werden – sie wollen keine Fans heranzüchten!

Mir ist das ziemlich eingefahren. Wisst Ihr weshalb? Ich beobachte heute genau das Gleiche – allerdings mit einem kleinen Unterschied. Es sind nicht nur drei verschiedene Namen, sondern es sind ganz viele, die sich Christinnen und Christen sozusagen als Privatguru zulegen können. Ich erspare Euch die Aufzählung von Namen, die immer wieder genannt werden. Es sind meist Leute, die Bücher schreiben, Vorträge und Predigten halten, Konferenzen organisieren und so weiter. Und jetzt machen wir das Gleiche wie andere mit Fussballstars und Musikstars und Fernsehstars. Wir heben sie in luftige Höhen. Wir werden Fans. Und dann kann es sogar in der Gemeinde soweit kommen, dass jeder seinen persönlichen christlichen Star hat, zu dem er sich zugehörig fühlt.

Genau dagegen wettert Paulus! Christinnen und Christen gehören doch zu Christus! Er verbindet uns zu einer Gemeinde! Er ist durch sein Kreuz der Befreier von uns allen! Das wollen wir hier lernen: Wir gehören zu Christus, der uns befreit hat durch sein Kreuz! Ihm gehört unser Lob, unser Dank, unsere Anbetung!

AMEN!

Der Gekreuzigte

Als ich zu euch kam, Brüder, kam ich nicht, um glänzende Reden oder gelehrte Weisheit vorzutragen, sondern um euch das Zeugnis Gottes zu verkündigen. Denn ich hatte mich entschlossen, bei euch nichts zu wissen außer Jesus Christus, und zwar als den Gekreuzigten. Zudem kam ich in Schwäche und in Furcht, zitternd und bebend zu euch. Meine Botschaft und Verkündigung war nicht Überredung durch gewandte und kluge Worte, sondern war mit dem Erweis von Geist und Kraft verbunden, damit sich euer Glaube nicht auf Menschenweisheit stützte, sondern auf die Kraft Gottes.
(1. Korintherbrief 2,1-5)

Liebe Gemeinde,

Paulus kam nach Korinth – damals. Er kam direkt von Athen. Und Athen war ein Tiefpunkt seines Lebens. Die Überfülle von Götterbildern, von Tempeln, von Religion in dieser Metropole irritierte ihn. Seine Botschaft fand nur ein bescheidenes Echo. Einige debattierfreudige und philosophisch Interessierte führten ihn auf den Areopag, damit er dort in einer Rede seine neue Lehre vortragen sollte. Doch als er gegen Ende seiner Rede auf Jesus und schliesslich auf seine Auferstehung von den Toten zu sprechen kam, da war er für die meisten Zuhörer erledigt. Einige verspotteten die Auferstehung. Andere winkten ab und wollten dann später nochmals etwas darüber hören – vielleicht etwa so wie Schülerinnen und Schüler, die kein Sitzleder mehr haben und in die Pause stürzen, kaum dass die Glocke läutet. Nur ganz wenige wurden Christen. Doch über die Gründung einer christlichen Gemeinde in Athen, die Paulus wie an anderen Orten beabsichtigt hatte, wird nichts berichtet. Nach modernen Managementkriterien war seine Mission in Athen erfolglos und gescheitert.

Nach diesen Erfahrungen kam nun Paulus nach Korinth. Doch: In welcher Verfassung kam er nach Korinth? Sicher nicht in Hochstimmung. Sicher nicht strotzend vor Selbstvertrauen. Sicher nicht wie der Skispringer Simon Ammann nach einer seiner Goldmedaillen. Eher ernüchtert und entmutigt. Man spürt den Worten von Paulus noch deutlich ab, wie ihm damals zu Mute war. Von Schwachheit, Furcht und Zittern redet er da. Ihm war jetzt deutlich und klar, dass keine noch so berauschende Predigt, keine noch so scharfsinnige Argumentation, keine noch so philosophisch eingefärbte Redekunst Menschen in Athen oder Korinth oder sonst wo von der christlichen Botschaft überzeugen könnte.

Hier fasst er das für sich selbst, für die Korinther und für Christinnen und Christen späterer Generationen zusammen, was er dabei gelernt hat. Hören wir es? Es liegt letztlich nicht an unserer Überzeugungskraft, nicht an unserer Beredtheit, nicht an unserem Engagement, schon gar nicht an ungeduldigem Drängen und Zwängen, wenn Männer und Frauen und Jugendliche sich mit ihrem Leben dem Ruf des Evangeliums und der Nachfolge des Gekreuzigten stellen. Das ist ernüchternd und entlastend zugleich. Natürlich hat Paulus seinen Dienst deshalb nicht aufgegeben. Er hat die Verkündigung des Evangeliums nicht aufgegeben – im Gegenteil: er hat ja nach Athen in Korinth und später an anderen Orten weitergemacht.

Aber er rückt die menschliche Seite, unsere Anstrengung, unser Engagement, unser Mühen in der Mitarbeit einer christlichen Gemeinde und im weiten Horizont des Reiches Gottes in die richtige Perspektive. Gott würdigt unseren Beitrag – dieser ist und bleibt wichtig! Aber das Entscheidende bleibt Gottes Beitrag. Das haben wir nicht in der Hand. Das können wir nicht machen. Paulus sagt das wenig später den Korinthern in einem wunderschönen Bild: Ich habe gepflanzt, Apollos hat begossen, aber Gott hat das Gedeihen geschenkt. (1. Kor 3,6) Die beiden Mitarbeiter haben sich eingebracht und engagiert, jeder nach seiner Gabe und Aufgabe. Aber Gott ist zuständig für das Gedeihen, das beide im Blick hatten. Das konnten sie aber nicht „machen“. Sie haben sich dafür engagiert. Sie haben ihren Anteil beigetragen. Sie haben dafür gekämpft und gebetet. Aber Gott hat das Gedeihen geschenkt. Oder wie unsere Vorfahren sagten: An Gottes Segen ist alles gelegen.

Auch der Glaube ist nicht etwas, das wir machen können. Der Glaube an Jesus als Messias und Gekreuzigten – dieser Glaube kommt zwar aus der Verkündigung, aus der Predigt – wie Paulus das im Römerbrief 10,17 sagt. Das bedeutet: der menschliche Beitrag, das Evangelium in Wort und Tat weiter zu geben, ist wichtig und richtig und nötig. Gott ehrt unseren Beitrag, indem wir sein Evangelium weiter geben dürfen. Aber dort, wo dieser Same des Wortes Gottes auf fruchtbaren Boden fällt und aufgeht, wo ein Mensch sein Herz auftut, wo das Vertrauen zum Evangelium entsteht, wächst und reift, da ist es nicht einfach das Werk eines faszinierenden Christen, einer engagierten Kirchenpflegerin, eines eingesetzten Verkündigers und Pfarrers (ich denke an alle unsere Vorgänger, meinen Kollegen und mich eingeschlossen). Wo das geschieht, ist es das Werk des lebendigen Gottes selbst, der durch seinen Geist und seine Kraft den Glauben weckt. Am Ende klopfen sich – bei aller Freude über das, was Gott schenkt – nicht die Menschen selbst auf die Schultern und lassen sich beweihräuchern. Sondern da ist ein Wissen um das Wirken Gottes, der trotz allen unseren Schwächen, trotz Irrungen und Wirrungen, trotz Fehlern und Versagen, Menschen in sein Reich hineinzieht. Das gilt auch für die Geschichte und den Weg unserer Kirchgemeinde.

Paulus lenkt den Blick radikal weg von sich selbst auf den Inhalt der christlichen Botschaft, auf den Inhalt des Evangeliums. Wenn jemand blendend redet, hinreissend und brillant vorträgt, scharf und klar argumentiert, woran erinnern wir uns danach? Wenn wir nachher gefragt werden, was sagen wir dann? Können wir dann den Inhalt des Vortrags wiedergeben? Oder sprechen wir einfach unsere Bewunderung für den glänzenden Vortrag aus, könnten aber nicht mehr genau sagen, worum es ging? Paulus möchte eben gerade nicht, dass Menschen bei ihm hängen bleiben, dass sie ihn oder Apollos oder Petrus so ins Zentrum rücken. Er möchte, dass das Evangelium zum Zug kommt, dass Menschen ihren Blick, ihr Herz, ihr Leben Christus zuwenden, dem Gekreuzigten, der dieses Kreuz „für uns“ – wie es das Neue Testament immer wieder sagt - auf sich genommen hat.

Ich bin wirklich erstaunt, wie knapp Paulus das Zentrum seiner Verkündigung zusammenfassen kann. Könnte ich das auch? Fünf Worte reichen, um den Kern des christlichen Glaubens zu benennen, den er in Korinth verkündigt hat: Jesus Christus und diesen gekreuzigt. In mir meldet sich eine Stimme, die sagt: Lieber Paulus, reicht denn das? Ist das wirklich alles? Hattest Du nicht mehr für die Frauen und Männer in Korinth, das Du ihnen mitgeben wolltest? Hier in seinem Brief sagst Du ihnen ja auch noch viele andere Dinge.

Wenn wir diese Konzentration verstehen wollen, müssen wir uns in die Situation damals versetzen. Paulus betritt die Hafenstadt Korinth, die damals in der antiken Welt etwa den Ruf des Rotlichtviertels von Amsterdam heute hatte. Nun möchte er sowohl den ansässigen Juden wie auch der bunten Schar von Nichtjuden das Evangelium nahe bringen. Wo beginnt er? Er muss bei der Person von Jesus ansetzen. Es bleibt ihm gar nichts anderes übrig! Und wenn er Jesus in den Mittelpunkt stellt, dann kann er das Kreuz von Jesus auf keinen Fall verschweigen. Jesus erlitt in der Passion ein Schmerzensspektrum, das wir uns umfassender kaum vorstellen können. Und er starb einen Tod als hingerichteter Verbrecher – und das trotz seinem ethisch einwandfreien Leben. Eine verrückte Sache, dieses Kreuz.

Ich frage: haben wir als einzelne Christinnen und Christen wie auch als Kirchen und Gemeinden den Mut, zu dieser Mitte unseres Glaubens zu stehen und diese Mitte auch zu bekennen? In der Mitte steht die Person des Gekreuzigten und Auferstandenen. Das ist eigentlich einleuchtend, aber trotzdem bis heute herausfordernd. Den christlichen Glauben, das Christentum, unsere Kirchen gibt es geschichtlich gesehen ja nur wegen dem Leben, Sterben und Auferstehen von Jesus. Ohne ihn gäbe es gar kein Christentum, keine Kirche hier und keinen Gottesdienst heute. Wir können das Christentum nicht haben ohne die Person Jesu und den Anspruch, der sich mit seiner Person verbindet.

Mir steht noch heute ein Plakat vor Augen, das vor Jahren in einer Bahnhofunterführung hier in der Nähe hängte und mich nachdenklich zurückliess. Riesig stand da: Ich glaube, dass Jesus der Sohn Gottes ist. Doch ganz klein hatte jemand mit Kugelschreiber auf dieses Plakat geschrieben: Habe ich das jemals gefragt? Unseren Glauben an diesen Jesus heute bekennen meint: wir müssen uns auf die Fragen einlassen, die unsere Mitmenschen stellen. Wir müssen uns auf ihre Nöte einlassen. Mich würde es wundern, wenn wir nicht früher oder später nach dem Grund unserer Hoffnung, nach dem Zentrum unseres Glaubens gefragt würden.

Paulus geht es hier um die elementare Frage: Wo beginnt der christliche Glaube? Seine Antwort, die er hier gibt, lautet: Bei Jesus und seinem Kreuz. Daran kommen wir nicht vorbei, darüber kommen wir nicht hinaus. Wir machen im Moment im Zusammenhang mit dem kürzlich begonnenen Glaubenskurs für Erwachsene in unserer Kirchgemeinde eine interessante Feststellung. Hier wird nach einem kurzen Vorspann die Person von Jesus und sein Kreuz in den Mittelpunkt der Vorträge und der Diskussionen gestellt. Die Gespräche drehen sich daher schon bald um die zentrale Gestalt des christlichen Glaubens und um das, was sein Kreuz für unser Leben bedeutet. Mir scheint, dass die Offenheit, darüber zu reden, in den vergangenen Jahren zugenommen hat, obwohl sich ja pikanterweise gleichzeitig christliche Inhalte und Werte in unserer Gesellschaft als Ganzes immer mehr zu verflüchtigen scheinen.

Wir leben wirklich in spannenden, interessanten und widersprüchlichen Zeiten. Paulus hätte wahrscheinlich seine Zeit nicht viel anders eingeschätzt. Es ist ja eigenartig: während vor Jahrzehnten oft über die Frage debattiert wurde, ob Gott überhaupt existiert, ist diese Frage inzwischen völlig in den Hintergrund gerückt. Das Religiöse, der Bezug zu einem wie auch immer gearteten Gott, ist fast allgegenwärtig. Unweit der christlichen Buchhandlung trifft man den Esoterik-Shop und ein Reiki-Studio – und die meisten haben sich schon daran gewöhnt. In der grossen städtischen Buchhandlung muss man die Bibelausgaben in der Abteilung Religion/Esoterik suchen … Sakuläre Werbung greift in einem bunten Mix religiöse und christliche Symbolik auf, um den Konsum anzukurbeln. Zudem sind in den letzten Jahren unzählige Gruppen und

Einzelpersonen mit esoterischer Gesinnung auf den Plan getreten, die hemmungslos und direkt-missionarisch ihr Gedankengut verbreiten. Und manchmal denke ich insgeheim, dass hier Menschen wesentlich mehr Glaube an viel abenteuerliche Inhalte zugemutet wird als im christlichen Glauben!

Und wir Christinnen und Christen? Und unsere Kirchen und Gemeinden? Meine Meinung ist: Wir sind neu gefordert, in elementaren, einfachen und verständlichen Worten zu sagen und zu bekennen, was unseren Glauben ausmacht. Es ist die Person von Jesus Christus. Die vier Evangelien stellen uns sein Kommen, sein Leben, seine Worte, seine Taten, sein Leiden, sein Sterben und seine Auferstehung vor. Hier lernen wir, wer er ist: dieser Jesus, der Gekreuzigte. Glauben meint: ihm vertrauen. Im Glauben leben meint: ihm nachfolgen. Und wenn wir nach unserem Glauben gefragt werden: ihn mit schlichten Worten bezeugen.

Das lerne ich hier bei Paulus: die Mitte unseres Glaubens ist Jesus. Er, der für uns das Kreuz erlitt.

AMEN!

Der Geist, den wir empfangen haben

Und doch verkündigen wir Weisheit unter den Vollkommenen, aber nicht Weisheit dieser Welt oder der Machthaber dieser Welt, die einst entmachtet werden. Vielmehr verkündigen wir das Geheimnis der verborgenen Weisheit Gottes, die Gott vor allen Zeiten vorausbestimmt hat zu unserer Verherrlichung. Keiner der Machthaber dieser Welt hat sie erkannt; denn hätten sie die Weisheit Gottes erkannt, so hätten sie den Herrn der Herrlichkeit nicht gekreuzigt. Nein, wir verkündigen, wie es in der Schrift heißt, was kein Auge gesehen und kein Ohr gehört hat, was keinem Menschen in den Sinn gekommen ist: das Große, das Gott denen bereitet hat, die ihn lieben. Denn uns hat es Gott enthüllt durch den Geist. Der Geist ergründet nämlich alles, auch die Tiefen Gottes. Wer von den Menschen kennt den Menschen, wenn nicht der Geist des Menschen, der in ihm ist? So erkennt auch keiner Gott - nur der Geist Gottes. Wir aber haben nicht den Geist der Welt empfangen, sondern den Geist, der aus Gott stammt, damit wir das erkennen, was uns von Gott geschenkt worden ist. Davon reden wir auch, nicht mit Worten, wie menschliche Weisheit sie lehrt, sondern wie der Geist sie lehrt, indem wir den Geisterfüllten das Wirken des Geistes deuten. Der irdisch gesinnte Mensch aber läßt sich nicht auf das ein, was vom Geist Gottes kommt. Torheit ist es für ihn, und er kann es nicht verstehen, weil es nur mit Hilfe des Geistes beurteilt werden kann. Der geisterfüllte Mensch urteilt über alles, ihn aber vermag niemand zu beurteilen. Denn wer begreift den Geist des Herrn? Wer kann ihn belehren? Wir aber haben den Geist Christi.
(1. Korintherbrief 2,6-16)

Liebe Gemeinde,

Es ist, wie wenn wir hier vor einem verschlossenen Haus, vor einer verschlossenen Türe stehen. Natürlich können wir trotzdem ums Haus herum schleichen und da und dort einen Blick durch die Fenster werfen. Wir sehen Licht im Haus – wir sehen verschiedene Räume in Umrissen – wir ahnen etwas vom Innern dieses Hauses. Und doch: wir schauen von aussen herein.

Wir brauchen einen Schlüssel, um ins Haus hinein zu kommen. Und wenn wir ihn gefunden haben, gehen wir zur Türe, drehen den Schlüssel und betreten das Haus. Dann können wir die Entdeckungsreise im Hause beginnen, von Zimmer zu Zimmer gehen, das Innere kennen lernen …

Dieser Abschnitt von Paulus, diese Worte von Paulus sind wie ein solches Haus, das zunächst einmal verschlossen ist. Der Zugang bleibt beim flüchtigen Lesen versperrt. Die Türe ist zu. Natürlich kann ich da oder dort einen Satzteil aufschnappen – oder einen Merkvers finden. Das ist nicht wenig! Aber wir brauchen den Schlüssel, sonst bleiben die Worte und Sätze ohne inneren Zusammenhang und Sinn.

Doch: was ist der Schlüssel? So machte ich mich auf die Suche nach dem Schlüssel zu diesen Sätzen. Erst nach einiger Zeit wurde mir klar, dass der Schlüssel gar nicht in diesem Abschnitt zu finden ist, sondern im Vorspann. Das bedeutet: man muss die beiden ersten Kapitel des ersten Korintherbriefs im Zusammenhang lesen, um den Schlüssel zu finden.

Wir lesen da folgende Sätze aus der Feder von Paulus:
Wir dagegen verkündigen Christus als den Gekreuzigten: für Juden ein empörendes Ärgernis, für Heiden eine Torheit, für die Berufenen aber, Juden wie Griechen, Christus, Gottes Kraft und Gottes Weisheit.“(...) „Denn ich hatte mich entschlossen, bei euch nichts zu wissen außer Jesus Christus, und zwar als den Gekreuzigten. (1. Korintherbrief 1,23-24 und 2,2)

Was ist der Schlüssel zu diesem Haus? Es ist das Kreuz! Ja, das Kreuz von Jesus. Der Schlüssel ist der gekreuzigte Jesus selbst. Das ist Gottes Weisheit und Gottes Kraft. Davon hat Paulus bei den Korinthern geredet, IHN hat er ihnen verkündigt. Gemeint ist: wer diesen Jesus sieht, der sieht Gott selbst. Wer diesen Jesus entdeckt, entdeckt den lebendigen Gott. Gott wird Mensch – in der Person dieses Jesus von Nazareth. Gott lässt sich auf unsere Welt ein. Er bleibt nicht fern, sondern er kommt ganz nahe.

Am Kreuz kommt er ganz in unseren Schmerz hinein. Am Kreuz teilt er die ganze Verzweiflung dieser Welt. Am Kreuz durchlebt er selbst die Finsternis der Gottesferne und Gottverlassenheit. Am Kreuz überwindet er das Trennende zwischen Gott und Mensch – und das Trennende zwischen uns Menschen. Am Kreuz erleidet er die Grausamkeit menschlicher Ungerechtigkeit und Willkür. Am Kreuz überwindet er die Sackgasse menschlicher Schuld. Am Kreuz zeigt er in der Ohnmacht seine Macht. Am Kreuz wird die Niederlage zum Sieg. Das ist unser Gott, der uns Menschen so weit entgegenkommt und uns den Weg bahnt zur Gemeinschaft mit ihm und zur Gemeinschaft untereinander! Das ist unser Gott, der sogar das Kreuz nicht scheut!

Paulus hat den Korinthern und uns den Schlüssel in die Hand gegeben und führt uns ins Haus hinein. Und hier im Haus deutet er dieses Kreuz von Jesus:

1. Das Kreuz ist Gottes Weisheit

Eine geballte Ladung. Am liebsten würde ich sagen: „Bitte langsam, Paulus. Ich muss das erst einmal durch buchstabieren. Du redest von Weisheit. Fünfmal zähle ich dieses Wort hier. Du unterscheidest die Weisheit von Gott und die Weisheit dieser Welt. Mehr noch: die beiden Weisheiten widersprechen sich und gehen diametral auseinander."

Das Kreuz ist Gottes Weisheit. Hier am Kreuz von Jesus wird deutlich, wie weit die Weisheit der Welt und die Weisheit Gottes auseinander liegen. Ist dieses Kreuz Weisheit oder Torheit? Hier scheiden sich die Geister – damals wie heute. Unter dem Kreuz gibt es Zustimmung – und es gibt auch Ablehnung. Staunen – und auch Spott. Vertrauen – und auch Misstrauen. Glauben – und auch Unglauben.

Wir müssen einen kurzen Moment versuchen, in die Haut eines antiken Menschen zu schlüpfen. Die Kreuzigung war eine brutale römische Hinrichtungsart für Schwerverbrecher und Regimegegner, die ursprünglich von den Persern entwickelt worden war. Viele wurden gekreuzigt. Jetzt kommen also die christlichen Verkündiger wie Paulus und andere und sagen: Einer dieser vielen Gekreuzigten, einer dieser Hingerichteten – nämlich dieser Jesus von Nazareth – er war der von Gott geschickte Befreier der Menschheit. Mehr noch: Er ist „der Herr der Herrlichkeit" (Vers 8), was schlicht eine Bezeichnung Gottes ist. Dieser Jesus ist Gott in menschlicher Gestalt. Dieser als Verbrecher von den Römern hingerichtete Jesus. Um die Provokation noch auf die Spitze zu treiben, bezeichneten die Christen diesen gekreuzigten Jesus als den Kyrios – also mit einem Titel des römischen Kaisers! Können wir uns die Provokation dieser Botschaft vorstellen? Dieser von Römern Gekreuzigte trägt den Titel des römischen Kaisers. Die Christen behaupten sogar, dass er mächtiger ist als dieser! Nicht gerade bescheiden. Als Zuhörender hat man nicht viel mehr als zwei Möglichkeiten: entweder man hält das für verrückt oder man schenkt dieser Botschaft Vertrauen.

Diese Botschaft ist definitiv keine Erfindung von uns. Niemand von uns hat sich das so ausstudiert. Niemand von uns wäre von sich aus darauf gekommen, dass Gott das so vorgesehen hat. Dass die Befreiung von uns Menschen durch dieses Kreuz von Jesus geschieht. Niemand von uns hätte einfach so behauptet, dass Gott von Anfang der Welt- und Menschheitsgeschichte das so geplant hat. Lange Zeit war es verborgen, ja es war es ein Geheimnis. Propheten, die von Gottes Geist inspiriert waren, haben etwas davon geahnt – so viel, wie Gott ihnen davon aufdeckte. Aber kein Mächtiger dieser Welt hatte Zugriff auf diesen Plan Gottes.

Paulus sagt es: Dieses Kreuz von Jesus ist Gottes Weisheit. Gott hat in seiner tiefen Weisheit dieses Zeichen des Gekreuzigten in unsere Welt gestellt. Dieser Tod von Jesus ist für uns das Tor zum Leben. Dieser Tod von Jesus ist unser Heil. Nicht jeder erkennt das. Nicht jeder anerkennt das. Nicht jeder ergreift das. Nicht jeder vertraut sich dieser Botschaft an. Paulus weiss das als Verkündiger genau. Er ist ja unterwegs und verkündet den Menschen seiner Zeit Jesus, den

Gekreuzigten. So kam er auch nach Korinth. Mit dieser Botschaft: Gottes Weisheit entdecken wir am Kreuz!

2. Das Kreuz ist Gottes Geschenk

„Was kein Auge gesehen und kein Ohr gehört hat, was keinem Menschen in den Sinn gekommen ist: das Große, das Gott denen bereitet hat, die ihn lieben.“

Das Kreuz ist Gottes Geschenk! Wir können es nicht kaufen. Wir können es nicht erzwingen. Wir können es in seiner Tiefe nicht ergründen. Aber: wir können es empfangen!

Liebe Gemeinde,

Alles Wesentliche im Leben ist Geschenk. Alles Wesentliche im Leben haben wir empfangen. Natürlich ist da zuerst das Geschenk unseres Lebens überhaupt. Und dann vieles, das wir leider zu oft als selbstverständlich hinnehmen. Freundschaft – natürlich können wir uns dafür einsetzen, Freundschaft pflegen – aber trotzdem ist es ein Geschenk, wenn wir Freundinnen und Freunde an der Seite haben, die uns die Treue halten, auch gerade in den schwierigen Momenten. Liebe können wir uns bei allem Einsatz nicht verdienen. Sie ist Geschenk. Ein Geschenk, das oftmals unser Verstehen übersteigt. Die Zeit des Lebens – jeder Tag ist ein Geschenk. Die Menschen mit denen wir unterwegs sind – ein Geschenk. Unsere Familie – ein Geschenk. Die Luft zum Atmen, das Essen auf dem Tisch, die Matratze zum Schlafen ...

Nun ist hier auch von einem Geschenk die Rede. Ein Geschenk, das aber nicht alles vorher Genannte wertlos macht. NEIN. Aber ein Geschenk, das alles das noch übertrifft. Ein Geschenk, das Gott uns gibt. Es ist das Geschenk des Kreuzes.

Nun runzeln wir natürlich die Stirne: Das Kreuz als Geschenk? Ja, richtig. Weshalb denn? Weil dieses Kreuz uns eine neue Welt aufschliesst. Das Kreuz von Jesus bedeutet die Möglichkeit des Neuanfangs. Wir alle haben schon erlebt und erleben müssen, wie in unserem Leben Beziehungen zerbrechen, Dinge schief laufen, Menschen und Umstände uns übel mitspielen, Leiden und Unversöhnlichkeit uns erdrücken. Nun kommt dieses Geschenk Gottes genau da hinein!

Dort, wo wir am Ende sind, dort ist nicht der Schlusspunkt, sondern das Kreuz von Jesus. Dort, wo wir scheitern, bricht nicht Gott auch noch den Stab über uns, wie es vielleicht andere Menschen tun. Dort, wo wir nicht mehr weiter wissen. Dort, wo uns Liebgewordenes zerbricht. Genau dort steht das Kreuz von Jesus.

Genau dort sagt Gott zu Dir: „Du darfst neu beginnen. Du darfst nochmals anfangen. Ich gebe Dich nicht auf. Du hast eine Würde, die Dir niemand nehmen darf, weil Du mein Geschöpf bist. Ich gebe Dir eine neue Chance. Meine Liebe schenkt Dir einen weiten Raum. Du darfst jetzt im Zeichen der Gnade leben. Deine Schuld ist Dir vergeben. Vergib auch den Menschen, die Dir gegenüber schuldig geworden sind.“ So spricht der Gott des Evangeliums. Der Gott, der das Kreuz in unsere Welt gestellt hat. Der Gott, der das Problem unserer Schuld angepackt hat und der uns, Dir und mir, die Möglichkeit des neuen Anfangs schenkt. Das ist das Geschenk Gottes durch das Kreuz.

Wo wir das ergreifen, werden wir unsere Liebe diesem Gott der Liebe schenken. Wir werden IHN lieben. Und das lässt nicht sich trennen von der Liebe zu den Menschen um mich herum, die Gott genauso liebt. Wo die Liebe zu Gott, der uns so reich beschenkt hat, wächst, da wächst zwingend die Liebe zu unseren Mitmenschen mit. Jesus hat das im Doppelgebot der Liebe unauflöslich zusammengebunden: Die Liebe zu Gott und die Liebe zum Nächsten. Wenn wir überwältigt sind von der Liebe Gottes, die uns geschenkt ist, da tut sich unser Herz auf, ihn zu lieben und die Menschen zu lieben, die er so unendlich liebt.

3. Gottes Geist öffnet uns die Augen für das Kreuz

Wenn uns das aufgeht, dann ist das nicht eine eigene Leistung, mit der wir nun überheblich auftrumpfen könnten. Das Reden von Gottes Geist, so wie Paulus das hier entfaltet, hält uns am Boden und macht uns im besten Sinne demütig. Wir können das nur erkennen, wenn Gottes Geist uns dafür die Augen öffnet. Gottes Geist ist es, der uns das Geheimnis vom Kreuz aufschliesst. Sicher will Gott Christinnen und Christen gebrauchen – uns gebrauchen, dass wir dieses Kreuz bezeugen mit Sensibilität für den rechten Moment – für Gottes Kairos. Aber: wir können es nicht machen, dass ein Mensch sich dieser Realität des Kreuzes, dieser Realität der Person Jesu, dieser Realität des Neuanfangs anvertraut. Das haben wir nicht in der Hand, auch wenn wir es gerne hätten. Wir müssen das loslassen. Wir müssen dem Geist Gottes vertrauen, dass er in den Herzen wirkt, dass diese Botschaft vom Kreuz sich im Leben eines Menschen einnistet und entfaltet. Paulus hat deshalb nicht aufgegeben, vom Kreuz zu reden. Aber er wusste: wo ein Mensch sich darauf einlässt und dieser Botschaft Vertrauen schenkt, da ist Gott selbst durch seinen Geist am Werk. Möge das geschehen - in uns, mit uns, durch uns.

Wir beten:
Barmherziger Gott, danke für das Kreuz von Jesus. Danke für die Möglichkeit des Neuanfangs, die Du mir und uns allen schenkst. Du weißt, wo jedes von uns einen Neuanfang braucht. Du siehst, was in unserem Leben zerbrochen ist. Lass uns entdecken, was Du für uns am Kreuz getan hast. Gib uns Deinen Geist, dass wir das erkennen, was Du in Deiner unendlichen Liebe dort gelitten hast - für uns. Und überwältige uns mit Deiner Liebe, dass wir Dir antworten mit unserer Liebe – und die Menschen lieben, die Du so sehr liebst. Hilf uns – in Jesu Namen.

AMEN!

Alles gehört euch

Keiner täusche sich selbst. Wenn einer unter euch meint, er sei weise in dieser Welt, dann werde er töricht, um weise zu werden. Denn die Weisheit dieser Welt ist Torheit vor Gott. In der Schrift steht nämlich: ‚Er fängt die Weisen in ihrer eigenen List.' Und an einer anderen Stelle: ‚Der Herr kennt die Gedanken der Weisen; er weiß, sie sind nichtig.' Daher soll sich niemand eines Menschen rühmen. Denn alles gehört euch; Paulus, Apollos, Kephas, Welt, Leben, Tod, Gegenwart und Zukunft: alles gehört euch; ihr aber gehört Christus, und Christus gehört Gott. (1. Korintherbrief 3,18-23)

Liebe Gemeinde,

Sind wir so raffiniert, dass wir uns selber täuschen können? Sind wir so geschickt, dass wir Dinge so lange drehen, bis wir selber auf sie hereinfallen? Sind wir so plump, dass wir einer Illusion solchen Raum geben, bis wir sie selber glauben, obwohl wir eigentlich genau wissen, dass sie nicht stimmt?

Natürlich würde ich lieber mit NEIN antworten. NEIN, so raffiniert, so geschickt, so plump sind wir nicht. NEIN, als Christen sowieso nicht, denn wir haben ja Gott auf unserer Seite, Jesus als Erlöser und Gottes Geist, der in uns wohnt. Da sind wir doch im Trockenen – oder doch nicht?

Paulus ist da offenbar anderer Meinung. Sonst wäre seine Warnung ja völlig überflüssig. Und doch - es ist möglich: Christen können sich täuschen – gewaltig täuschen sogar! Mehr noch: Christen sind sogar in der Lage, sich selbst etwas vorzumachen, sich selbst zu täuschen!

Das klingt abenteuerlich. Doch: Haben wir nicht solches selber schon erlebt? Wie Einleuchtendes sich plötzlich später als absurd herausstellte? Wie schöne Gedanken sich im Alltag als nicht tragfähig erwiesen? Wie im Brustton der Überzeugung geäusserte Behauptungen sich bei Nachprüfung in Luft auflösten?

Offenbar ist Selbsttäuschung, Selbstbetrug möglich, sonst müsste Paulus die Christen in Korinth gar nicht davor warnen.

Das ist ja gerade das Heimtückische am Selbstbetrug. Gerade dann, wenn wir denken,
dass wir nun den Durchblick haben …
dass wir wissen, wie's geht …
dass wir auf Täuschung nicht mehr hereinfallen, weil wir's ja gepackt haben …

… gerade dann sind wir für Selbsttäuschung besonders anfällig. Weshalb? Das alte geflügelte Wort aus den alttestamentlichen Sprüchen bringt es auf den Punkt: *Hochmut kommt vor dem Fall.* Wo wir die Nase zu hoch tragen, sehen wir plötzlich die Stolpersteine auf dem Weg nicht mehr. Wo wir uns für sehr reif halten, übersehen wir die Symptome eigener Unreife. Deshalb die Warnung von Paulus, die an Christinnen und Christen gerichtet ist: *Keiner täusche sich selbst.* Doch Hand aufs Herz: Sind Selbsttäuschungen nicht einfach menschlich? Sind wir nicht Meister in diesem Fach? Man muss ja nicht weit suchen nach Beispielen: Es kann sein, dass wir unsere Auslagen nicht im Griff haben, unnötige Dinge kaufen – und doch darüber klagen, dass am Ende des Geldes so viel Monat übrig bleibt. Es kann sein, dass wir von unseren Kindern erwarten, dass sie Regeln einhalten – und dann merken wir plötzlich, dass wir selbst sie ja gar nicht einhalten. Oder: Wir stören uns über den wachsenden Bauch – und genehmigen uns trotzdem die zweite Dessertschale mit reichlich Rahm. Selbstbetruge im Kleinformat. Doch bisweilen praktizieren wir Selbstbetrug auch im grösseren Stil. Ich denke da an Beispiele, die schwerwiegendere Konsequenzen haben können:

Wie viele glaubten beispielsweise an die mysteriöse Geldvermehrung im kurz- und mittelfristigen Horizont, legten Geld an der Börse an ohne die nötige Kenntnis und Vorsicht – mussten unter schlechten Umständen verkaufen und hatten schlussendlich weniger als vorher. Und dies trotz vielen scheinbar schlauen Zeitschriftenartikeln, Fachleuten und Beratern!

Ich denke an den – vor allem in der Werbung - unterschwellig vermittelten Bluff, der uns so häufig begegnet, dass wir zu oft darauf hereinfallen: Wenn Du dies oder das kaufst, dann … ! Dann geht es Dir besser. Dann hast Du mehr Zeit. Dann ist das Leben bequemer. Dann bist Du erfüllter und zufriedener. Dann bist Du gesünder. Dann hast Du mehr Lebensqualität. Wir lechzen nach dem Verheissenen und wir kaufen – und stellen schliesslich fest, dass sich das Versprechen bereits auf die nächste Anschaffung verlagert hat. Wie sagt der Volksmund? „Jeder Wunsch, wenn er erfüllt, bekommt augenblicklich Kinder!"

Ich staune über die verdrehte Idee von Liebe, der unsere Gesellschaft nacheifert. Liebe soll ein Gefühl sein, das uns überfällt – und keine Willensentscheidung. Liebe soll etwas sein, das mir persönlich Erfüllung bringt – und zwar so sehr, dass mich jedes Leiden am Geliebten erschüttert und die „Liebe" in Frage stellt. Was für ein Selbstbetrug – genährt mit riesigem medialem Aufwand.

Selbstbetrug kann sich auch in Sätzen ausdrücken, die wir für wahr halten, die aber schlicht und ergreifend falsch sind. „Ich glaube nur, was ich sehe." Wer diesen Satz nachprüft, stellt fest, dass wir vieles glauben, was wir nicht sehen. Strom können wir nicht sehen, aber wir schalten trotzdem ohne Bedenken das Licht ein. Wir sehen den Wind ebenfalls nicht, sondern nur seine Wirkungen von flatternden Blättern bis hin zu umstürzenden Bäumen. Bezweifeln wir deshalb, dass es Strom oder Wind tatsächlich gibt? Nein! Oder ich denke an einen Satz, der in unserer Umgebung schon fast ein Glaubenssatz ist: „Alles ist relativ." In einer Gesellschaft, die wie unsere eine Vielfalt von bisweilen widersprüchlichen Ansichten und Überzeugungen nebeneinander stehen und gelten lässt, gelangen viele zur Folgerung: „Alles ist relativ." Vielleicht hält man diese Einsicht sogar für klug. Nun ist dieser Satz aber schon in sich von der Logik her unmöglich. Wenn alles relativ ist, dann kann man gar keine Behauptung mehr aufstellen, die für alles gelten kann. Der Satz ist unmöglich, weil er eine absolute Aussage ist, die aber gerade dann unmöglich ist, wenn alles relativ ist. Klar?

In all diesen Beispielen können wir etwas davon entdecken, wie vermeintliche Weisheit plötzlich zur Dummheit, wie Einsicht zur Verblendung werden kann. Doch: haben wir den Mut, das in Frage zu stellen, was uns als schlau und einsichtig präsentiert wird?

Hier kommt Gott ins Spiel! Wenn Gott ist und lebt und wirkt, dann hat wirkliche Weisheit und Einsicht mit ihm zu tun. Dann müssen wir dem auf die Spur kommen, was Gott als weise bezeichnet. Dann können wir den Mut fassen, seinen Gedanken, Geboten und Weisungen zu folgen, auch wenn unsere Gesellschaft das nicht mit Applaus honoriert. Und wir können es uns leisten, im Vertrauen auf Gott und seine Weisheit quer zu stehen zu gängigen Überzeugungen, auch wenn diese im Kleid des „Normalen“ daherkommen.

Apropos quer. Mir fällt auf, dass medial immer schrägere Dinge als völlig normal und unproblematisch präsentiert werden. Esoterische Damen, es können auch Herren sein – wahrscheinlich ausgestattet mit ansprechender Menschenkenntnis - die ihren Gegenübern als spirituelle Medien so allgemeine Floskeln mitteilen, in denen sich fast jede darin finden könnte. Menschen, die sich mit Schweinen ins Bett legen – ja, weshalb eigentlich nicht? Männer und Frauen, die gegenüber Gegenständen erotische Gefühle entwickeln. Stofftiere, die im Auto einen Extrasitz erhalten und zu Hause Videos anschauen dürfen. Werden uns nicht immer abstrusere Dinge als normal verkauft? Sind das nicht im tiefsten Grund Beziehungsnöte zum Nächsten und zu Gott, die einfach immer seltsamere Blüten treiben? Könnte das nicht eine Illustration sein zu dem, was Paulus hier meint, wenn er sagt: *Die Weisheit dieser Welt ist Torheit bei Gott*?

Welchen Selbstbetrug hat jetzt Paulus bei den korinthischen Christen im Visier? Er redet und schreibt ja so, als denke er an etwas Bestimmtes, das eben gerade nicht weise, sondern dumm ist. Mein Eindruck ist: Er hat den Parteigeist im Visier. Christinnen und Christen in Korinth und anderswo bilden Fangruppen für eine bestimmte christliche Leitfigur. Damit begeben sie sich auf Glatteis. Im christlichen Glauben geht es ja nicht um bestimmte Menschen, die zu verehren sind, sondern um Gott, um seinen Willen, um sein Reich, um seine Erlösung. Deshalb sollen wir mit den Korinthern zusammen sorgfältig darauf achten, dass Gott im Zentrum unseres Glaubens steht und bleibt!

Doch das ist gar nicht so einfach. Wir leben in einer Zeit und Kultur, die Menschen zu Stars und Idolen (=Götzenbildern!) macht: zu Musik-Stars, TV-Stars, Fussball-Stars, Polit-Stars, Promi-Stars, Talk-Show-Stars usw. Diese Stars werden gehätschelt – und handkehrum auch wieder in die Pfanne gehauen. Und plötzlich machen wir in der christlichen Gemeinde das Gleiche mit Sängerinnen, Musikern Kongressrednern und Buchautoren. Plötzlich haben wir unseren persönlichen christlichen Star. Plötzlich bleibt unser Blick an Menschen haften. Plötzlich treiben wir einen Menschenkult, der im christlichen Mäntelchen daherkommt. Genau das geschah eben in Korinth mit Paulus, Apollos und Petrus (=Kephas). Plötzlich waren da innerhalb der Gemeinde Fankreise für den einen oder den anderen.

Christliche Leitfiguren können hilfreich sein, wenn sie uns zum Zentrum des Glaubens führen: zum lebendigen Gott, zum Gekreuzigten und Auferstandenen! Aber sobald wir an ihnen hängen bleiben, von ihnen abhängig werden, uns ihnen anhängen, dann geben wir Menschen einen Platz der Verehrung, der Gott selbst zusteht. *Daher soll sich niemand eines Menschen rühmen.* So sagt es Paulus hier.

Was macht nun Paulus? Wie begegnet er diesem Menschenruhm? Er zeigt den Korinthern die viel grössere Perspektive! Er stösst ihnen die Tore zur Freiheit auf und weitet den Blick. Alle Christen gehören Jesus Christus an – das ist die Bindung unseres Lebens. Aber gerade durch diese Bindung an ihn erfahren wir als Christen eine gewaltige Freiheit. Zugespitzt: wenn Du dem lebendigen Gott in Jesus Vertrauen schenkst, dann gehört Dir das Beste von allen. Dann kannst Du bei Paulus, bei Apollos und bei Petrus viel lernen für den Glauben. Dann ist jedes Ausspielen der drei und überhaupt jeder christlich verkleidete Personenkult sinnlos. Dann kannst von Luther, von Zwingli und von Calvin lernen. Dann kannst Du von jeder christlichen Leitfigur das Beste nehmen: Nämlich das, was der biblischen Tradition und der göttlichen Offenbarung entspricht. Dann wendet sich der Blick weg von den vielen hin zum Gott unseres Lebens, der uns in Jesus das Heil aufgeschlossen hat.

Ich bin fasziniert von diesem Finale, das Paulus hier vorlegt: Alles gehört uns. Wir gehören unserem Erlöser – er gehört zu Gott. Aus den ganzen Parteibildungen und der Anhänglichkeit an christliche Leitfiguren führt Paulus die Korinther hinaus an die frische Luft. Er führt sie zum Befreier ihres Lebens - zu Jesus. Er führt sie zur Quelle ihres Lebens, zum lebendigen Gott. Hoffentlich gelingt uns das auch, dass wir einander gegenseitig helfen, diese Perspektive zu gewinnen.

Keiner täusche sich selbst. Wenn einer unter euch meint, er sei weise in dieser Welt, dann werde er töricht, um weise zu werden. Denn die Weisheit dieser Welt ist Torheit vor Gott. In der Schrift steht nämlich: ‚Er fängt die Weisen in ihrer eigenen List.' Und an einer anderen Stelle: ‚Der Herr kennt die Gedanken der Weisen; er weiß, sie sind nichtig.' Daher soll sich niemand eines Menschen rühmen. Denn alles gehört euch; Paulus, Apollos, Kephas, Welt, Leben, Tod, Gegenwart und Zukunft: alles gehört euch; ihr aber gehört Christus, und Christus gehört Gott.

AMEN!

Leiten

Brüder, ich habe das auf mich und Apollos bezogen, und zwar euretwegen, damit ihr an uns lernt, daß der Grundsatz gilt: «Nicht über das hinaus, was in der Schrift steht», daß also keiner zugunsten des einen und zum Nachteil des andern sich wichtig machen darf. Denn wer räumt dir einen Vorrang ein? Und was hast du, das du nicht empfangen hättest? Wenn du es aber empfangen hast, warum rühmst du dich, als hättest du es nicht empfangen? Ihr seid schon satt, ihr seid schon reich geworden, ohne uns seid ihr zur Herrschaft gelangt. Wäret ihr doch nur zur Herrschaft gelangt! Dann könnten auch wir mit euch zusammen herrschen. Ich glaube nämlich, Gott hat uns Apostel auf den letzten Platz gestellt, wie Todgeweihte; denn wir sind zum Schauspiel geworden für die Welt, für Engel und Menschen. Wir stehen als Toren da um Christi willen, ihr dagegen seid kluge Leute in Christus. Wir sind schwach, ihr seid stark; ihr seid angesehen, wir sind verachtet. Bis zur Stunde hungern und dürsten wir, gehen in Lumpen, werden mit Fäusten geschlagen und sind heimatlos. Wir plagen uns ab und arbeiten mit eigenen Händen; wir werden beschimpft und segnen; wir werden verfolgt und halten stand; wir werden geschmäht und trösten. Wir sind sozusagen der Abschaum der Welt geworden, verstoßen von allen bis heute. Nicht um euch bloßzustellen, schreibe ich das, sondern um euch als meine geliebten Kinder zu ermahnen. Hättet ihr nämlich auch ungezählte Erzieher in Christus, so doch nicht viele Väter. Denn in Christus Jesus bin ich durch das Evangelium euer Vater geworden. Darum ermahne ich euch: Haltet euch an mein Vorbild! Eben deswegen schicke ich Timotheus zu euch, mein geliebtes und treues Kind im Herrn. Er wird euch erinnern an meine Weisungen, wie ich sie als Diener Christi Jesu überall in allen Gemeinden gebe. In der Annahme, daß ich nicht selber zu euch komme, haben sich zwar einige wichtig gemacht. Ich werde aber bald zu euch kommen, wenn der Herr will. Dann werde ich diese Wichtigtuer nicht auf ihre Worte prüfen, sondern auf ihre Kraft. Denn nicht in Worten erweist sich die Herrschaft Gottes, sondern in der Kraft. Was zieht ihr vor: Soll ich mit dem Stock zu euch kommen oder mit Liebe und im Geist der Sanftmut? (1. Korintherbrief 4,6-21)

Liebe Gemeinde!

Was ist das Thema hier? Worüber schreibt Paulus? Mein Vorschlag: Es geht hier um Verantwortung. Er schreibt hier zum Thema Leitung.

Leitung hat viele Gesichter. Ich denke beispielsweise an Mütter und Väter. Sie haben eine Leitungsaufgabe. Ihre Aufgabe ist es, die Familie zu leiten. Und wer diese Aufgabe hat, muss sich fragen: Wie kann ich diese Aufgabe so wahrnehmen, dass es gut herauskommt? Oder: Wer ein eigenes Geschäft hat, muss leiten. Viele von uns leiten im Beruf - im Grossen oder im Kleinen. Oder in einem Verein. Oder beim Sport.

Auch in der christlichen Gemeinde hat Leitung viele Gesichter. Von unseren insgesamt rund 150 ehramtlichen Mitarbeitenden in der Kirchgemeinde haben fast alle eine Leitungsaufgabe, ob es um Kleinkinder, Jugendliche, Erwachsene oder Senioren geht. Deshalb spreche ich Euch heute alle einfach als Leitende an, weil ich möchte, dass Ihr das, was Paulus schreibt, auf Euch und Euren Alltag und Eure Tätigkeit bezieht!

Paulus zeigt uns hier mindestens vier Aspekte von Leitung:

1. Sorgfältig mit dem von Gott Anvertrauten umgehen

Am Anfang des Leitens steht Gott. Er hat Dir und mir anvertraut, was wir leiten sollen. Das können Menschen sein. Das kann auch Material sein. Aber weder das eine noch das andere gehört uns. Wir haben es von Gott empfangen. Er hat uns das anvertraut. Wir sind seine Haushalter. Und als Haushalter müssen wir lernen, sorgfältig mit dem um zu gehen, was uns Gott anvertraut hat, weil es eben ihm gehört.

Da sind Eltern, die ein Kind empfangen haben. Was für ein gewaltiger Vertrauensbeweis unseres Schöpfers. Er hat ein zerbrechliches und verletzbares menschliches Leben in unsere Hände gelegt. Jedes Kind ist uns anvertraut. Es gehört nicht uns Eltern und Grosseltern. Wir besitzen es nicht. Das Leben dieses Kindes gehört dem lebendigen Gott. Als Eltern dürfen wir dieses Leben begleiten bis zu dem Punkt, wo das Kind zum Erwachsenen geworden ist. Das Ziel ist Selbständigkeit und Mündigkeit. Wir müssen lernen, diesen Menschen immer mehr los zu lassen. Wir müssen es uns immer wieder sagen und sagen lassen: dieses Leben gehört nicht uns Eltern, sondern Gott. Sorgfältiger Umgang mit dem von Gott anvertrauten Leben!

Wir denken an alle, die in unserer Kirchgemeinde mitwirken und mitleiten: In Jungschar, Zirkuswoche und Snowboardlager. Im Glaubenskurs und in der Seniorenwoche. In Kinderkirche und Kleinkinderfeier. Am Mittagstisch und bei Besuchen. Da überall haben wir es mit kostbaren Menschen zu tun: mit Kindern, Jugendlichen und Erwachsenen. Jedes mit einer eigenen Geschichte und jedes ganz verschieden ausgestattet. Jedes ein Geschöpf von Gott, unendlich wertvoll, mit einer Sehnsucht nach Anerkennung und Liebe. Jedes auch mit zerbrochenen Hoffnungen, gescheiterten Prüfungen und verpassten Chancen. Das sind die Menschen, die uns anvertraut sind. Und jetzt sorgfältig damit umgehen, mit offenen Augen und Ohren in die Begegnungen hinein gehen. So viel hat Gott uns anvertraut. Denken wir daran, wenn wir leiten?

Paulus denkt aber noch an einen sorgfältigen Umgang, den wir leicht übersehen. Gott hat uns eine Botschaft anvertraut, die wir mit Menschen teilen sollen: Das Evangelium von Jesus, dem Gekreuzigten und Auferstandenen. Auch damit sollen wir sorgfältig umgehen, weil diese Botschaft wertvoll und kostbar ist. Dass Gott selbst Liebe ist … Dass wir bei ihm Liebe lernen … Dass Jesus selbst uns diese Liebe vorgelebt hat bis zum Äussersten – nämlich so, dass er aus Liebe zu uns sein Leben am Kreuz – unter unsäglichem Leiden - verschenkt hat … Dass Gottes Geist uns erfüllen möchte … Dass Gottes Liebe durch unser Leben zu den Menschen in unserer Umgebung fliessen will …

Dieses Evangelium gehört nicht nur uns persönlich. Es ist die gute Nachricht, die allen Menschen gehört und gilt. Mit dieser Botschaft sollen wir sorgsam und sorgfältig umgehen. Paulus spricht hier eine ernste Mahnung aus, diese Botschaft nicht einfach nach eigenem Gutdünken zu „ergänzen" und abzuändern. Das wird uns in der Bibel wiederholt gesagt: Wir sollen nichts hinzufügen an abenteuerlichen Spekulationen - davon gibt es leider auch im frommen Kleid viel – und auch nichts willkürlich weglassen. Wenn wir Leitung übernehmen, dann erwartet Gott von uns, dass wir uns mit seiner Botschaft ernsthaft vertraut machen und dass wir das Anvertraute originalgetreu weitergeben. Dann erwartet er, dass wir uns dieser Botschaft aussetzen, sie bedenken, sie auf uns wirken lassen und sie mitnehmen in unseren Alltag, um danach zu leben. Das ist der Sinn des Bibellesens. Das ist ja auch das, was ein Gottesdienst auslösen will: Dass wir aus der Begegnung mit Gott, aus der Gemeinschaft mit Schwestern und Brüdern und aus der Begegnung mit Gottes Wort heraus unsere Tage leben und gestalten. Das Evangelium haben nicht wir erfunden. Es ist Botschaft des lebendigen Gottes. Deshalb müssen wir sorgfältig damit umgehen.

2. Demut lernen

Demut! Ich fürchte, dass wir da an Leute mit eingezogenen Köpfen, mangelndem Selbstbewusstsein und Duckmäusertum denken. Die Bibel meint aber nichts von dem! Demut meint: Mut zum Dienen. Das tun, worauf sich die Masse nicht stürzt. Das tun, was nicht attraktiv ist, aber trotzdem getan werden muss. Das tun, was vielleicht gar nicht gesehen wird.

Nun zeigt uns hier der Apostel Paulus wortreich, dass Leiten Dienen ist. Dazu müssen wir Demut lernen. Und genau das vermisst Paulus bei den Christen in Korinth. Sie haben ohne Zweifel viel von Gott erhalten. Geistesgaben sind wichtig für sie. Vor allem die, die sichtbar und übernatürlich sind. Das alles wäre ja toll. Doch Paulus vermisst die Haltung des Dienens und der Demut in all dem. Stattdessen trifft er auf christlich gekleidete Überheblichkeit und

Selbstgefälligkeit. Um es platt zu sagen: er trifft bei den Korinthern auf Stolz. Wo sind denn die Früchte des Geistes?

Das müssen wir uns von Paulus sagen lassen. Gott will uns ganz. Gottes Geist will unsere Umgangsformen, unsere Gewohnheiten – letztlich unseren Charakter prägen. Gott will durch seinen Geist nicht einfach die rostige Oberfläche frisch lackieren. Er will, dass es auch darunter stimmt. Er will, dass unser Inneres, unser Charakter Christus ähnlicher wird. So wie es Paulus in einem anderen Brief schreibt: *Die Frucht aber des Geistes ist Liebe, Freude, Friede, Geduld, Freundlichkeit, Gütigkeit, Glaube, Sanftmut, Keuschheit. (Galater 5,22)*

Wie oft lassen wir uns doch blenden von tollen Begabungen, von geschliffenem Auftreten, von faszinierender Redekunst. Aber es geht um viel mehr. Es geht um diese Haltung des Dienens und der Demut – auch dann, wenn nur Gott es sieht. Leiten, wie Jesus es vorgelebt hat und wie wir es leben sollen, sieht so aus: *Wer gross sein will unter euch, der sei euer Diener. Und wer der Erste sein will unter euch, sei euer Knecht. Gleich wie der Menschensohn ist nicht gekommen, dass er sich dienen lasse, sondern dass er diene und gebe sein Leben zu einer Erlösung für viele. (Matthäus 20,26-28)*

Das sucht Jesus bei uns. Dieses einfache, schlichte, unspektakuläre Dienen. Und genau das vermisst Paulus bei den Christinnen und Christen in Korinth, die sich selbst für so reif und mündig halten, obwohl sie aufgeblasen und streitsüchtig sind. Er kritisiert mit scharfen Worten Selbstgefälligkeit, Überheblichkeit und Stolz. Er kritisiert, dass sie sich satt und reich fühlen. Denn: Wer mit vollen Händen zu Gott kommt, der kann nicht empfangen. Stattdessen sollen wir wie Bettler zu Gott kommen. Nur so können wir empfangen.

Dort, wo Du leitest, denke daran: Gott will, dass Du Demut lernst. Wehre jeder Überheblichkeit und Selbstgefälligkeit. Freue Dich an dem, was er Dir geschenkt hat und gib Gottes Geist viel Raum, dass er die Früchte des Geistes an Deinem Lebensbaum wachsen lässt. Und wenn Du nach zukünftigen Leitern

Ausschau hältst, dann halte Ausschau nach diesen Früchten des Geistes im Leben. Wenn das dann noch gepaart ist mit Fähigkeiten und Geistesgaben – Wow!

3. Leiden

Lieber würde ich etwas anderes erzählen. Aber es ist wahr: Leiten heisst auch Leiden. Jede Leitungsaufgabe – sei das in der Kindererziehung, im beruflichen Alltag oder in allen Arten ehrenamtlichen Engagements – hat auch einen Leidensanteil. Frage Deine Eltern. Frage einen Gruppenleiter. Frage eine Kirchenpflegerin – und wenn Du willst auch eine Pfarrerin. Niemand kommt da einfach schlank durch, wenn er die gestellte Aufgabe ernst nimmt.

Paulus schildert das in Bezug auf seine christliche Leitungsaufgabe in drastischen Farben. Bei ihm bedeutete Leiten auch: Hunger und Durst, Blösse und Prügel, harte Arbeit und unsichere Lebensumstände, üble Nachrede und Verfolgung. Das Evangelium war ihm soviel wert, dass er das alles auf sich nahm, um diese Botschaft Gottes mit Menschen zu teilen. Er und seine Kolleginnen und Kollegen wurden vorgeführt, für Narren gehalten und wie Abschaum, wie Dreck, wie Kehricht behandelt.

Das alles wäre eigentlich schon genug für Paulus. Nun gibt es aber innerhalb der christlichen Gemeinde, die er unter viel Mühen und Leiden gegründet und aufgebaut hat, Christinnen und Christen, die sich für geistlich reifer und glaubensmässig fortgeschrittener halten als Paulus. Und das, obwohl Paulus sinnigerweise der Gründer ihrer Gemeinde ist! Dazu ist er wahrscheinlich auch doppelt so lange Christ wie sie. Man muss sich das einmal überlegen. Krasser geht es gar nicht. Kein Wunder, dass Paulus die Überheblichkeit, Selbstgefälligkeit und den Stolz dieser Gemeinde scharf angreift. Kein Wunder, dass sie Streit und Zank untereinander haben, wenn sie einander mit einer solchen Haltung begegnen.

Nun war das nicht nur in Korinth so. Es gibt gegenwärtig viele christliche Leiterinnen und Leiter weltweit, die sich mit grossem Engagement – vollamtlich oder ehrenamtlich spielt hier keine Rolle – für das Evangelium einsetzen, Zeit und Kraft opfern, es ernst meinen und persönlich einen hohen Preis dafür bezahlen. Die härteste Schule ist jetzt nicht, wenn die Kritik von aussen kommt (damit muss man rechnen), sondern wenn sie von innen kommt. Paulus hat das selbst erlebt, deshalb weiss er, wovon er spricht. Aber es gehört zu jeder Leitungsaufgabe eben auch dieser Leidensanteil.

Auch Dir kann das passieren! Konkret: Du bekommst von anderen Christen aufs Dach, die sich für reifer und klüger halten als Du. So abenteuerlich es klingt: das gehört dazu! Lass Dich nicht verwirren und gib auf keinen Fall auf. Gott schult Dich durch dieses Leiden, auch wenn es hart ist, das gebe ich zu. Du bist in bester Gesellschaft! Paulus und viele andere Männer und Frauen des Gottesreichs sitzen mit Dir im gleichen Boot. Es ist wichtig, dass Du berechtigte Kritik annimmst. Aber ebenso wichtig ist es, dass Du nicht von jedem Wind unberechtigter Kritik verwirren lässt. Denke daran: Leiten beinhaltet Leiden ...

4. Nachfolgen

Seid Ihr auch gestolpert über den Satz von Paulus? *Haltet Euch an mein Vorbild!* Oder in einer anderen Übersetzung: *Folgt meinem Beispiel!* (Gute Nachricht) So sagt er es da. Im ersten Moment fragt man sich vielleicht, ob das ein zufälliger Ausrutscher von Paulus ist. Möglicherweise kommt uns der leise Verdacht, dass auch dies eine Form von Überheblichkeit sein könnte, die er gerade kurz zuvor kritisiert hat. Doch: es gibt eine ganze Reihe von Aussagen des Paulus in seinen Briefen, die aufs Gleiche heraus kommen. (Vergleiche dazu beispielsweise Philipper 3,17; 4,9; 1. Thessalonicher 1,6)

Den Schlüssel gibt uns Paulus aber später im gleichen Brief an die Korinther, wenn er schreibt: *Folgt meinem Beispiel, so wie ich dem Beispiel folge, das Christus uns gegeben hat! (1. Korinther 11,1 Gute Nachricht)* Das erste, was

Paulus tut, ist nicht, dass er sich als Vorbild darstellt. Sondern es beginnt damit, dass er selbst Jesus nachfolgt, dass er sich von Jesu Worten und Taten prägen lässt, dass er sein Leben am Gekreuzigten und Auferstandenen ausrichtet und das Kreuz von Jesus ihm selbst zum Tor des Lebens wird. Hier beginnt es: Paulus selbst folgt Jesus nach. Erst dann macht diese Aufforderung (Folgt meinem Beispiel!) auch wirklich Sinn.

Leiten heisst Nachfolgen. Im tiefsten Grunde bedeutet es: Ich folge Jesus mit meinem Leben. Ich gebe seinen Worten und Taten Raum. Ich lasse mich von seinem Kreuz und seiner Auferstehung prägen. Und auf diesem Weg brauche ich auch gegenwärtige oder historische Vorbilder - Menschen, die selber auch diesen Weg der Nachfolge gehen oder gegangen sind. Von ihnen kann ich lernen, an ihnen kann ich mich orientieren, mit ihnen kann ich gemeinsam auf diesem Weg der Nachfolge unterwegs sein.

Folgt meinem Beispiel! Könnten wir das sagen? Könnten wir den Menschen, die wir leiten, das so kommunizieren wie Paulus? Das fordert uns doch heraus, selber nachzufolgen. Und es fordert uns auch heraus, von Christinnen und Christen der letzten 2000 Jahre zu lernen, was es eben heisst, Jesus nachzufolgen. Und es fordert uns heraus, von Christinnen und Christen, die die Früchte des Geistes ausstrahlen, so viel über die Nachfolge zu lernen, wie ich nur kann. Je mehr das in unserem eigenen Leben greift, desto mehr macht diese Aufforderung auch Sinn: Folgt meinem Beispiel, so wie ich dem Beispiel folge, das Christus uns gegeben hat. Möge Gott uns so segnen, dass dieser Satz in unserem Leben Sinn macht.

AMEN!

Das Reich Gottes erben

Wagt es einer von euch, der mit einem anderen einen Rechtsstreit hat, vor das Gericht der Ungerechten zu gehen statt zu den Heiligen? Wißt ihr denn nicht, daß die Heiligen die Welt richten werden? Und wenn durch euch die Welt gerichtet wird, seid ihr dann nicht zuständig, einen Rechtsstreit über Kleinigkeiten zu schlichten? Wißt ihr nicht, daß wir über Engel richten werden? Also erst recht über Alltägliches. Wie könnt ihr dann jene, die im Urteil der Gemeinde nichts gelten, als Richter einsetzen, wenn ihr einen Rechtsstreit über Alltägliches auszutragen habt? Ich sage das, damit ihr euch schämt. Gibt es denn unter euch wirklich keinen, der die Gabe hat, zwischen Brüdern zu schlichten? Statt dessen zieht ein Bruder den andern vor Gericht, und zwar vor Ungläubige. Ist es nicht überhaupt schon ein Versagen, daß ihr miteinander Prozesse führt? Warum leidet ihr nicht lieber Unrecht? Warum laßt ihr euch nicht lieber ausrauben? Nein, ihr selber begeht Unrecht und Raub, und zwar an Brüdern. Wißt ihr denn nicht, daß Ungerechte das Reich Gottes nicht erben werden? Täuscht euch nicht! Weder Unzüchtige noch Götzendiener, weder Ehebrecher noch Lustknaben, noch Knabenschänder, noch Diebe, noch Habgierige, keine Trinker, keine Lästerer, keine Räuber werden das Reich Gottes erben. Und solche gab es unter euch. Aber ihr seid reingewaschen, seid geheiligt, seid gerecht geworden im Namen Jesu Christi, des Herrn, und im Geist unseres Gottes. (1. Korintherbrief 6,1-11)

Liebe Gemeinde!

Wer kennt sie nicht - die Bagatellen des Alltags. Triviale Vorfälle, die zu Streitereien führen. Der scheinbar störende Duft der Bratwürste vom unteren Balkon. Der Baum des Nachbarn, der mit jedem Jahr die Sonne mehr verdeckt und mehr Schatten wirft. Der ungezogene Hund, der im fremden Kompost wühlt. Die Läutestreiche der Kinder. Der Lärm eines Familienfestes, das spät endet.

Auf den ersten Blick lassen sich alle diese Bagatellen durch vernünftiges Reden regeln – denkt man. Doch leider wird nicht selten daraus eine grössere Geschichte, die bisweilen sogar Gemeinde- und Regierungsräte – vor allem Gerichte beschäftigt. Oft handelt es sich um Situationen, die eskalieren, obwohl das vermeidbar gewesen wäre.

Beispiele von Eskalationen? Die fremde Katze, die unerwünscht im Garten war, wird kurzerhand mit einer Schusswaffe zur Strecke gebracht. Die Beeren, von Kindern in jugendlichem Leichtsinn an ein Fenster geworfen, werden plötzlich in der Schilderung zu Steinen. Vorfälle, die sich durch normales Reden regeln liessen, werden der Polizei zur Anzeige gebracht – und die Geschichte nimmt ihren unerfreulichen Gang.

Ist es da verwunderlich, wenn von Zeit zu Zeit ein Seufzer des Gemeinderats im Amtsanzeiger zu Umgänglichkeit, Toleranz und Nachsicht mahnt? Klar, dass es dabei um triviale Dinge geht. Sobald massivere Dinge vorfallen, lässt es sich kaum vermeiden, die Behörden einzuschalten.

Natürlich können wir den Faden weiterspinnen und eigene Beispiele beitragen. Eine ungeschickte Redewendung wird auf die Goldwaage gelegt und mit viel Fantasie und Interpretation angereichert. Eine überrissene Rechnung wird nicht einleuchtend erklärt, sondern auf direktem Weg gemahnt und betrieben. Ein vergessener Gruss – weil vielleicht die betreffende Person gerade in Gedanken woanders war – wird hochgespielt. Und so weiter – und so fort.

Nun bekommt die Sache noch eine Zuspitzung. Angenommen: beide an einem solchen Streit beteiligten Personen bezeichnen sich als Christen. Beide gehören zu einer christlichen Gemeinde. Beide feiern, um es noch zu steigern, regelmässig zusammen Gottesdienst am gleichen Ort. Beide würden feierlich bekennen, dass sie an Gott, den Schöpfer, und an Jesus Christus, den Erlöser, glauben. Und trotzdem sind sie nicht in der Lage, einen solchen banalen Alltagsstreit zu lösen!

Genau darum geht es hier. Die christliche Gemeinde in Korinth, der damals ziemlich verrufenen Hafen- und Handelsstadt, ist nicht gross. Sie umfasst eine überschaubare Anzahl Personen. Die Christen sind Aussenseiter und Exoten in dieser Stadt. Sie sind eine kleine Minderheit. Sie haben nicht grosse Namen auf ihrer Mitgliederliste. Ihre Umgebung beobachtet genau – was sie sagen, was sie tun, wie sie leben. Man registriert, wenn es etwas nicht stimmt.

Und jetzt sind da – in dieser angespannten äusseren Situation - zwei liebe Christen aus dieser kleinen Gemeinde, die miteinander Gottesdienst feiern und sich zum gleichen Gott bekennen, die aber gleichzeitig nicht in der Lage sind, eine Alltagsgeschichte zu regeln. Paulus hält es für eine Bagatelle. Er findet das an sich schon absurd. Aber jetzt findet ja das ganze Theater noch vor einem weltlichen Gericht statt. Die beiden Christen waschen ihre dreckige Wäsche vor dem Gericht in Korinth! Was für eine peinliche Blamage! Was für eine Niederlage!

Christinnen und Christen treten ja zu allen Zeiten mit dem Evangelium an, mit der Botschaft von Jesus – und das ist gut und richtig so. Sie bekennen, dass Jesus der Erlöser der Welt und der Befreier von uns Menschen ist. Dass durch seinen Tod am Kreuz und durch seine Auferstehung am Ostermorgen ein neues Leben unter seiner Regie beginnt, wenn Menschen sich mit Haut und Haar, mit Leib und Leben darauf einlassen.

Christinnen und Christen tragen darum eine Botschaft der Versöhnung und Vergebung mit sich. Wenn dieser Jesus der Versöhner der Welt ist und Vergebung stiftet, dann ist Christsein nur unter diesem Vorzeichen möglich. Wenn wir dem Beispiel von Jesus nachfolgen mit unserem Leben, dann gibt es keine andere Wahl als im eigenen Leben versöhnte Beziehungen anzustreben. Deshalb sind solche Bagatellgeschichten in Korinth und anderswo Gift für die Glaubwürdigkeit der christlichen Gemeinde. Wie sollen wir denn mit der Botschaft der Versöhnung Kreise ziehen, wenn wir selber nicht versöhnt leben?

Hand aufs Herz! Bist Du, soweit es an Dir liegt, versöhnt mit allen Menschen? Hast Du vergeben, wo Dir Unrecht getan wurde? Oder trägst Du diese Geschichten mit Dir herum wie Handgranaten als explosive Ladung nach dem Motto: „Allzeit wurfbereit!“ ?

Fairerweise zeigt Paulus nicht nur, wie es nicht geht, sondern auch, wie es gehen kann. Er sagt: Wenn zwei Christen eine Geschichte nicht miteinander regeln können, dann nehmt doch einen erfahrenen Christen als Vermittler dazu! Gibt es denn niemanden unter Euch, der diese Aufgabe übernehmen kann?

Heute haben wir klingendere Namen für diese Tätigkeit und Aufgabe. Sogar neue Aus- und Weiterbildungen zur Mediatorin, zum Mediator werden angeboten. Die uralte Sache, die Paulus hier erwähnt, ist wieder im Kommen.

In einem anderen Brief führt Paulus ganz praktisch vor, was er meint. Es geht um zwei Frauen aus der christlichen Gemeinde in Philippi, die er sogar namentlich erwähnt. Diese beiden kommen nicht mehr miteinander klar. Das gibt es - und Paulus versucht es weder zu beschönigen noch zu vertuschen. Er ermahnt beide, Euodia und Syntyche, sich wieder zu vertragen und sich als Schwestern im Glauben anzunehmen. Beide haben sich ausserordentlich für das Evangelium eingesetzt. Paulus lässt es aber nicht bei der schönen Ermahnung zur Versöhnung bewenden. Er benennt auch gerade einen erfahrenen Christen zur Vermittlung zwischen den beiden, damit die Sache wirklich in Ordnung kommt: „Dich aber, mein bewährter Syzygus, bitte ich, dass Du ihnen dabei hilfst.“ (Philipper 4,3 Gute Nachricht)

Hier liegt unsere Lektion. Hilfe annehmen! Aktiv werden! Eine Person, die vermitteln kann, beiziehen! Wenn ich auf die Beispiele unter Christen zurückblicke, die ich kenne – oder an denen ich selbst beteiligt war, dann liegt oft genau hier der Hund begraben: wir ziehen niemanden bei, wenn wir merken, dass wir eine Geschichte nicht innerhalb von vernünftiger Zeit regeln können.

Der angemessene Weg ist die direkte und baldige Aussprache. Doch wenn das nichts nützt, dann ist der nächste Schritt, der unmittelbar folgen soll: jemanden beiziehen, der Erfahrung hat, der unbestechlich und fair ist, der vermitteln kann. Tun wir das? Oder sind wir zu stolz, diese Hilfe zu beanspruchen?

Wir leben in einer Welt, in der vieles gängig und normal ist, das nicht so recht zu Gott passen will. Die Welt der Korinther war da nicht markant anders. Korinth hatte damals etwa den Ruf des Rotlichtdistrikts von Amsterdam. An solchen Orten gibt es kaum etwas, was es nicht gibt. Heute können wir uns alle diese Dinge via TV und Internet auf den Bildschirm in die private Wohnung liefern lassen. Alles, was Paulus da erwähnt, war den Korinther vertraut aus ihrer unmittelbaren Umgebung. Nichts war ihnen grundsätzlich fremd und viele Christen in Korinth waren früher tief darin verwickelt.

Doch jetzt kommt Gott ins Spiel. Jetzt kommt Jesus mit seinem Kreuzestod und seiner Auferstehung ins Spiel. Und plötzlich passen Dinge nicht mehr, an denen man sich vorher vielleicht gar nicht gross gestört hat. Plötzlich ist man sensibler für Recht und Unrecht. Plötzlich legt Gott seinen unbestechlichen Finger auf grössere oder kleinere Schweinereien in unserem Leben, die er klären möchte. Paulus bringt es hier ganz scharf und ungeschützt. Doch bevor wir uns entsetzen, müssen wir fragen lassen:

Wie würden wir denn einen Christen goutieren, der seine Mitchristen wegen Bagatellen vor Gericht zieht?
Wie würden wir auf einen Christen reagieren, der Kredit gibt zu Wucherzinsen?
Wie würden wir auf Leute reagieren, die sich als Christen bezeichnen – und ständig den Partner wechseln?
Wie würden wir einen bekennenden Christen einschätzen, der gleichzeitig als Säufer stadtbekannt ist?

Ich könnte jetzt die ganze Liste von Paulus mit Euch zusammen durchgehen – und die meisten von uns würden wahrscheinlich intuitiv mit Paulus übereinstimmen, dass diese Dinge weder zu Gott noch zum Evangelium passen. Wir haben offenbar ein feines Sensorium dafür, was passt und was nicht. Und auch heute wachen Menschen mit Argusaugen darüber, wo es Ungereimtes im Leben von Christen gibt. Doch, was manchmal dabei übersehen wird im Eifer: Als Christen sind wir nicht perfekt, sondern wir leben von Gottes Vergebung. Aber: Wir sind angehalten, das mit Gottes Hilfe in Ordnung zu bringen, was schief ist in unserem Leben. Gut, wenn wir sensibel sind für Gottes Geist und gleichzeitig Menschen haben, die uns das mutig sagen!

Nun kommt aber der Hammer von Paulus – und den gebe ich zum persönlichen Nachdenken mit nach Hause. Menschen, die solches Unrecht tun, wie er es in seiner Liste aufzählt, haben keinen Platz in Gottes Reich. Wir können diese Sätze kehren, wie wir wollen. Das ist es, was sie sagen.

Gott ist an uns leidenschaftlich interessiert. Sein Evangelium von Jesus, von Kreuz und Auferstehung gilt uns, gilt mir. Er ist bereit, mir einen neuen Anfang mitten im Leben zu schenken. Er will mich in seine Familie hineinstellen.

Aber: Er will mich auch verändern. Er will, dass die krummen Dinge in meinem Leben in Ordnung kommen. Er will, dass Versöhnung und Vergebung bei mir einkehren und meine Beziehungen prägen. Er will, dass meine schmutzige Wäsche wirklich gewaschen wird. Er will, dass ich Gewohnheiten in seinem Namen aufgebe, die andere Menschen und mich selbst zerstören. Er will, dass ich einen Lebensstil entwickle, der zu Gott passt. Die grosse Frage ist: Lasse ich mich darauf ein? Öffne ich mich seinem Wirken?

Paulus zeigt uns einen schlichten Weg dazu. Wir wenden uns Gott zu. Wir legen unser Leben in die Hände von Jesus. Wir empfangen den Heiligen Geist und geben ihm Raum. Unser erster bewusster Schritt auf diesen Weg ist ein Gebet: Ja, lebendiger Gott, ich will diesen Weg gehen. Ja, ich will, dass Du mich veränderst. Ja, ich will, dass Deine Versöhnung und Vergebung bei mir einkehren. Ja, ich will, dass Du, Jesus durch Deine Versöhnung und Vergebung mein Leben prägst. Ja, ich will, dass Dein Geist mein Leben ausfüllt. Gott, komme Du zu mir.

AMEN!

Alles erlaubt?

Alles ist mir erlaubt - aber nicht alles nützt mir. Alles ist mir erlaubt, aber nichts soll Macht haben über mich. Die Speisen sind für den Bauch da und der Bauch für die Speisen; Gott wird beide vernichten. Der Leib ist aber nicht für die Unzucht da, sondern für den Herrn, und der Herr für den Leib. Gott hat den Herrn auferweckt; er wird durch seine Macht auch uns auferwecken. Wißt ihr nicht, daß eure Leiber Glieder Christi sind? Darf ich nun die Glieder Christi nehmen und zu Gliedern einer Dirne machen? Auf keinen Fall! Oder wißt ihr nicht: Wer sich an eine Dirne bindet, ist ein Leib mit ihr? Denn es heißt: Die zwei werden ein Fleisch sein. Wer sich dagegen an den Herrn bindet, ist ein Geist mit ihm. Hütet euch vor der Unzucht! Jede andere Sünde, die der Mensch tut, bleibt außerhalb des Leibes. Wer aber Unzucht treibt, versündigt sich gegen den eigenen Leib. Oder wißt ihr nicht, daß euer Leib ein Tempel des Heiligen Geistes ist, der in euch wohnt und den ihr von Gott habt? Ihr gehört nicht euch selbst; denn um einen teuren Preis seid ihr erkauft worden. Verherrlicht also Gott in eurem Leib! (1. Korintherbrief 6,12-20)

Liebe Gemeinde!

Wer sich mit einem Bauvorhaben beschäftigt, der muss sich auch mit den sanitären Einrichtungen befassen. Und wenn man die Prospekte sichtet, die man bestellt hat - oder unaufgefordert erhielt, dann macht man eine überraschende Entdeckung: Man betritt hier die religiöse Welt. Erstaunt? Ich war auf jeden Fall erstaunt, als ich dies feststellte. Während unsere Eltern und Grosseltern noch trocken und bescheiden von einem Badezimmer oder von einer Dusche redeten, so liest man auf Hochglanzpapier von Duschtempeln, Badetempeln und Wellness-Oasen. Erstaunlich, was da aus unseren sanitären Einrichtungen geworden ist … Haben wir etwa die Einführung eines neuen religiösen Kultes verpasst?

Wahrscheinlich sind wir damit auf dem besten Weg, uns an Paulus und an die christliche Gemeinde in Korinth anzunähern. Hier geht es christliche Freiheit, um unser Verhältnis zum Körper und um Wege und Irrwege der Sexualität. Korinth war damals reich an Tempeln. Das Religiöse war an jeder Ecke präsent. Verschiedene Gottheiten waren für verschiedene Bedürfnislagen da: Götter für den Schutz, Götter für die Gesundheit und Götter für die Fruchtbarkeit beispielsweise. Fleisch gab es nicht einfach zu kaufen, sondern es wurde vor dem Verkauf bereits einer Gottheit geweiht.

Unter diesen vielfältigen Tempeln gab es auch einen, der der Aphrodite geweiht war. Dieser Tempel hilft uns zu verstehen, was Paulus hier im Blick hat, wenn er an die Christinnen und Christen in Korinth schreibt. Wer mit der antiken Götterwelt vertraut ist, der erinnert sich, dass diese weibliche Gottheit bildlich sehr freizügig dargestellt wurde, was sich durchaus mit einschlägigen Magazinen am Kiosk und Sex-Sites im Internet vergleichen lässt.

Im Tempel dieser Aphrodite in Korinth gab es Prostituierte. Das bedeutet: Man konnte als korinthischer Mann in diesem Tempel Religion praktizieren und gleichzeitig Prostitution in Anspruch nehmen. Eine für viele Männer interessante Kombination, die zudem auch gesellschaftlich und religiös salonfähig war.

Nun kommt also das Evangelium vom Gekreuzigten und Auferstandenen nach Korinth mit seinem Hafen, seinen multikulturellen Einwohnern, seinen sozialen Gegensätzen und seinem Aphroditetempel. Dort formt sich nun eine christliche Gemeinde aus Frauen und Männern, für die unter anderem der Aphroditekult bisher eine ganz normale Institution ihrer Stadt war, an die sie sich gewöhnt hatten. Nun kommen also brave Familienväter und ehemalige Playboys, ehrbare Handwerker und frühere Banditen, fromme Bibelleser und alte Spötter – und viele andere mehr zusammen in dieser christlichen Gemeinde. Man muss sich das einmal vorstellen! Es spricht ja für das Evangelium und für diese Gemeinde in Korinth, dass alle diese Leute überhaupt schon den Eingang gefunden haben und nicht bereits von der Türkontrolle abgewimmelt wurden! Aber nun kommen auch diese Dinge mit herein und deshalb muss sich Paulus damit beschäftigen, wenn er an die christliche Gemeinde in Korinth schreibt.

Doch bevor wir uns über die korinthischen Verhältnisse entsetzen – haben wir uns nicht bereits an Verhältnisse gewöhnt, die uns eigentlich nachdenklich machen müssten? Ist uns entgangen, dass es auch bei uns diese Etablissements, diese „Aphrodite-Tempel", in denen sich Herren aller sozialen Schichten und Berufe über Mittag und am Abend „entspannen", wie Pilze aus dem Boden schiessen? Ist uns entgangen, dass sich in den vergangenen Jahrzehnten die Prostitution bei uns verdoppelt bis verdreifacht hat? Und was ist mit der virtuellen Prostitution in Filmen und Internet, die unglaubliche Ausmasse erreicht hat? Korinth ist viel näher als es auf den ersten Blick erscheint!

Es gibt in Korinth damals – und bei uns heute auch – Menschen, die nach dem Motto leben: Alles ist mir erlaubt! Und die dann noch die Botschaft des Evangeliums als Botschaft der Freiheit hören und sich in diesem Motto bestätigt sehen: Alles ist mir erlaubt! Wenn sie hören von Paulus, dass Christus uns zur Freiheit berufen hat (Galaterbrief 5,1), dann sehen sie sich darin gerade nochmals bestätigt, dass sie tun und lassen können, was sie wollen. Doch Paulus muss hier klären: das ist ein Missverständnis der christliche Freiheit!

Paulus sagt dazu Ja und Nein: *Alles ist mir erlaubt - aber nicht alles nützt mir. Alles ist mir erlaubt, aber nichts soll Macht haben über mich.* (Vers 12) Er bringt zweimal diesen Satz – und er versieht ihn zweimal mit einer Einschränkung, mit einer Grenze.

Die Freiheit, die uns durch Jesus Christus geschenkt ist, hat dort ihre Grenze, wo es mir und anderen schadet. Das bedeutet: wir müssen als Christinnen und Christen die Auswirkungen, die Konsequenzen unseres Tuns mit in den Blick nehmen. Baut es meinen Nächsten auf? Fördert es die Gemeinschaft? Nützt es mir und anderen? Dient es dem Guten? Vieles besteht diesen ersten „Grenztest“ nicht.

Die Freiheit, die uns durch Jesus Christus geschenkt ist, hat dort ihre Grenze, wo wir uns in neue Abhängigkeiten begeben und Dinge Macht über uns gewinnen, die uns und andere knechten. Wenn ich aber durch den Gebrauch meiner Freiheit mich in Abhängigkeiten verstricke, dann ist ja die schöne Freiheit bereits verloren! Das ist der zweite „Grenztest“, den es unbestechlich aufs eigene Leben anzuwenden gilt!

Christliche Freiheit ist weder Freipass noch Lizenz für alles, was denkbar und möglich ist. Ich weiss, dass das im ersten Moment theoretisch klingt, aber es ist enorm praktisch.

Beispiel 1: Du und ich, wir haben Geld zur Verfügung und wir können etwas Schönes kaufen, das uns Freude macht. So weit, so gut. Aber wo liegt die Grenze? Wo wird das Kaufen zum inneren Zwang und Drang, der mich unfrei macht? In letzter Zeit wird das Thema Kaufsucht stärker thematisiert. Schätzungen reden davon, dass ein Siebtel von uns allen daran leidet.

Beispiel 2: Es muss kommen – das Internet. An sich eine interessante und geniale Sache. Was ist da nicht alles möglich und machbar? Doch plötzlich merke ich, dass dieses Medium meine Zeit verschlingt, meine Ressourcen konsumiert und meine Gemeinschaftsfähigkeit herabsetzt. Der christliche Glaube verbietet mir nicht, das Internet zu benutzen. Aber ich muss lernen, damit verantwortlich umzugehen. Und wenn ich merke, dass ich in neue Abhängigkeiten gerate, dann muss ich möglicherweise in Gottes Namen und um meiner Nächsten willen und mit der Hilfe von Mitmenschen einen Strich ziehen und für einige Zeit ganz verzichten.

Beispiel 3: Essen und Trinken steht in der Bibel unter einem sehr guten Vorzeichen. Kennt Ihr diese Vers aus dem Alten Testament, aus dem Buch

Prediger: *Denn ein Mensch, der da isst und trinkt und hat guten Mut bei all seinem Mühen, das ist eine Gabe Gottes. (3,13)* Was für eine Freiheit kommt uns da entgegen! Essen und Trinken als Geschenk, als Gabe Gottes. Doch wo sind die Grenzen? Übermässiges Essen ist in unserer westlichen Überflussgesellschaft ein unübersehbares Problem. Das „immer mehr", das uns auf allen Kanälen eingetrichtert wird, wird zu einem immer mehr des Essens, was schnell auf Kosten unserer Gesundheit geht. Gleichzeitig werden Schönheitsideale, Körpermasse und Schlankheitsvorgaben gepredigt, die für viele von uns schlicht unmöglich sind. Auf der einen Seite können wir abstürzen, wenn plötzlich unser Bauch unser Gott wird – wie Paulus das an anderer Stelle sagt (Philipper 3,19). Nicht zufällig reden erlauchte Kreise auch von sogenannten „Gourmet-Tempeln". Auf der anderen Seite verkommt Essen und Trinken zu einer lästigen Pflichtübung, die mit fast food (also schnell) zu erledigen ist und unser Körper in der Art eines Abfallsacks gefüllt wird. Wie können wir es lernen, Essen und Trinken wieder als Gabe Gottes in Gemeinschaft zu feiern?

Doch zurück nach Korinth. Auch die Christinnen und Christen in Korinth waren Kinder ihrer Zeit. Sie wuchsen in einer Umgebung auf, die ihnen beibrachte, dass am Menschen nur die Seele wichtig ist. Man muss dem Körper eben geben, was er will – aber das ist nicht wirklich wichtig. Bei Durst und bei Sex kommt das gleiche, gut antrainierte Muster zur Anwendung: An der nächsten Taverne ein Glas Wasser oder ein kühles Glas Wein – oder im Aphrodite-Tempel einen sexuellen Kick. Wenn der Körper danach ruft, dann folgt man diesem Impuls. Die Seele wird dadurch – scheinbar – nicht tangiert.

Doch jetzt kommt das Evangelium, die Botschaft von Gottes Gnade und vom Neuanfang da hinein: Wie steht es jetzt mit einem Mann, der früher regelmässig den Aphrodite-Tempel besuchte und jetzt Mitglied der christlichen Gemeinde ist, weil er das Evangelium von Jesus als Botschaft der Freiheit angenommen hat? Wie ist nun sein Verhältnis zu dem, was im Aphrodite-Tempel geschieht? Ich höre nun schon die Stimmen, die sagen, dass es ja klar sei, dass er von nun an sofort diesen Tempel meidet und stattdessen christliche Veranstaltungen besucht. So klar wie eben das, dass sich jeder, der Christ wird, sich sofort von allen Medienimpulsen, die auf ihn einprasseln, sofort abkoppelt ... Offenbar geht es aber doch nicht so automatisch und reibungslos, wie christliche Phantasien sich das gerne vorstellen. Weshalb müsste sonst Paulus den Christen in Korinth von all diesen Dingen schreiben, wenn ja bereits alles klar ist?

Damit wir uns richtig verstehen: Paulus redet hier zu Männer in der christlichen Gemeinde – auch wenn uns das stören mag. Er argumentiert vom Evangelium her. Er möchte Männer in der Gemeinde davon überzeugen, dass sich das Einswerden mit einer Prostituierten (beispielsweise im Aphrodite-Tempel) und das Einswerden mit Christus im Glauben nicht vertragen. Dass das ein Doppelspiel ist. Dass das so nicht geht.

Der Apostel Paulus braucht hier zwei starke Bilder, um dies deutlich zu machen:

Eure Körper sind Glieder Christi (Vers 15)
Eure Körper sind ein Tempel des Heiligen Geistes (Vers 19)

Dabei meint der Körper hier viel mehr als nur eine Hülle. Gemeint ist eigentlich unser ganzes Leben.

Was Paulus betont ist dies: Durch den Glauben an Jesus als Herrn und Meister steht Euer ganzes Leben unter einem neuen Vorzeichen. Ihr gehört nicht mehr Euch selbst, sondern diesem Herrn und Meister. Ihr seid so wertvoll und kostbar. Gott hat für eure Freiheit so viel getan, so viel bezahlt, weil ihr so kostbar seid. Jesus hat für Euch das Leben gelassen, um Euch diese Freiheit zu schenken. Das war der Preis. Darum ehrt Gott mit Eurem Leben. Ehrt Gott mit Eurem Körper. Und was nicht dazu passt: Lasst es los! Lasst es bleiben!

Was passt in meinem Leben und in meinem Umgang mit meinem Körper nicht zur Ehre Gottes? Wovon soll ich in meinem Leben Abstand nehmen, weil es mich und andere knechtet und mehr schadet als nützt? Und nicht zuletzt: Wer kann mich unterstützen mit Gebet und geschwisterlichem Rat, wenn ich diese Sache anpacke – und auch auf dem Weg in die Freiheit wieder auf die Nase falle?

Unser Körper als Tempel des Heiligen Geistes! Wie geschickt bringt Paulus das hier. Das Bild des Tempels, das jedem Korinther aus dem Alltag bekannt und vertraut war, wird hier kühn umgedeutet. Unser Leben, unser Körper ist der Tempel – ist der Ort, wo der Heilige Geist wohnt – ist der Ort des Gottesdienstes (Römerbrief 12,1f). Ich will damit so umgehen, dass es dem Geist Gottes an diesem Ort gefällt und dass er sich wohl fühlt. Gott sucht sich mit seinem Geist nicht ein Gebäude aus Stein und Holz, sondern Menschen aus Fleisch und Blut, in denen er mit seinem Geist „hausen" kann. Gott will uns mit seinem Geist prägen und ausfüllen. Das bedeutet auch: Mein Körper ist nicht mein Privateigentum und meine Sexualität ist nicht meine Privatsache, die niemanden etwas angehen. Beides hat viel mit dem Glauben an den Gekreuzigten und Auferstandenen zu tun.

Zum Schluss noch dies. Was lehrt uns die Gesellschaft, in der wir leben, über den Umgang mit unserem Körper? Nach meiner Überzeugung sind es zwei ganz starke, aber genau entgegen gesetzte Tendenzen, die auf uns einwirken:

Zum einen Körperkult, die unter anderem im Fitness/Wellness-Bereich (nichts gegen gesunde Fitness wohlverstanden!), in Miss und Misterwahlen und in Werbespots penetrant missionarisch sich gebärdet. Der Körper wird zur verkäuflichen Ware, mit der man handeln kann. Wir werden dazu verführt, alles für den Körper zu tun. Der Körper wird zum höchsten Gut. Doch: wie müssen sich Behinderte in einer solchen Gesellschaft vorkommen?

Zum anderen Körperfeindlichkeit und Körperverachtung. Der Körper verkommt zur Maschine, die einfach funktionieren muss. Eine Maschine, die man füttert, die man schlafen legt, die man pflegt so weit als nötig, die man vom Arzt reparieren lässt, wenn sie nicht richtig funktioniert. Signale unserer Geschöpflichkeit, die sich körperlich melden, werden übergangen und verdrängt.

Pikanterweise wird ja unsere Arbeitswelt – man denke nur an die Rückenprobleme durch Schreibtischhaltungen, die vielen Sitzungen und möglichen Dauerstress – eher körperfeindlicher, während im Freizeitbereich der Körperkult neuen Höhen zustrebt. Sind das etwa zwei Seiten der gleichen Medaille?

Wenn unser Körper Tempel des Heiligen Geistes ist, dann sollen wir ihn weder verachten noch vergöttern. Er ist Gottes gute Gabe an uns, mit der wir in Verantwortung vor ihm vernünftig und sorgsam umgehen sollen. *Oder wißt ihr nicht, daß euer Leib ein Tempel des Heiligen Geistes ist, der in euch wohnt und den ihr von Gott habt? Ihr gehört nicht euch selbst; denn um einen teuren Preis seid ihr erkauft worden. Verherrlicht also Gott in eurem Leib! (Verse 19-20)*

AMEN!

Verzicht auf Entzug

Nun zu den Anfragen eures Briefes! «Es ist gut für den Mann, keine Frau zu berühren». Wegen der Gefahr der Unzucht soll aber jeder seine Frau haben, und jede soll ihren Mann haben. Der Mann soll seine Pflicht gegenüber der Frau erfüllen und ebenso die Frau gegenüber dem Mann. Nicht die Frau verfügt über ihren Leib, sondern der Mann. Ebenso verfügt nicht der Mann über seinen Leib, sondern die Frau. Entzieht euch einander nicht, außer im gegenseitigen Einverständnis und nur eine Zeitlang, um für das Gebet frei zu sein. Dann kommt wieder zusammen, damit euch der Satan nicht in Versuchung führt, wenn ihr euch nicht enthalten könnt. Das sage ich als Zugeständnis, nicht als Gebot. Ich wünschte, alle Menschen wären wie ich. Doch jeder hat seine Gnadengabe von Gott, der eine so, der andere so. Den Unverheirateten und den Witwen sage ich: Es ist gut, wenn sie so bleiben wie ich. Wenn sie aber nicht enthaltsam leben können, sollen sie heiraten. Es ist besser zu heiraten, als sich in Begierde zu verzehren. (1. Korintherbrief 7,1-9)

Liebe Gemeinde!

Jede Verwaltung kennt diese Einteilung von Männern und Frauen nach ihrem Zivilstand: verheiratet, ledig, verwitwet. Dazu kommen immer häufiger getrennt und geschieden. Kann man darüber etwas Neues sagen? Wurde nicht schon alles geschrieben und gesagt, was dazu wichtig ist?

Die Bibel eröffnet das Thema schon auf den ersten Seiten. Sie schildert uns die Schöpfung des Menschen als Mann und Frau – in dieser Spannung der Geschlechter. Sie zeigt uns, dass das von Gott bewusst so gewollt ist. Sie zeigt uns weiter, dass wir Menschen grundsätzlich auf Gemeinschaft hin angelegt sind und dass die Vereinsamung des Menschen kein Ziel Gottes ist. Auch wird die Ehe eingeführt als neue Einheit von zwei Menschen, die sich bewusst von ihren Eltern lösen und sich einander zuwenden: *Darum wird ein Mann seinen Vater und seine Mutter verlassen und seiner Frau anhangen, und sie werden sein ein Fleisch. (1. Mose 2,24)*

Wenn wir nur in den ersten beiden Kapiteln der Bibel verweilen, dann müsste diese Gemeinschaft der Ehe ein Paradies, der perfekte „Himmel auf Erden“ sein, den sich auch heute noch viele wünschen. Doch wir leben nicht mehr im Paradies. Es ist verloren – paradise lost! Wir leben zwar weiter als Geschöpfe Gottes in seiner Schöpfung. Aber es ist eine durch die Rebellion von uns Menschen gegen Gott verzerrte und zerbrochene Schöpfung. Die Ehe gibt es immer noch, aber sie ist vielfältigen Einflüssen und Gefährdungen ausgesetzt.

Wir entdecken schon früh eine Gefährdung in der Erzählung von Adam und Eva und der Schlange. Mann und Frau schieben die Verantwortung für ihr Versagen ab. Der Mann schiebt es auf die Frau, die Frau schiebt es auf die Schlange. Dieses Spiel wird von vielen Männern und Frauen munter weiter gespielt. Sie schieben die Verantwortung ab. Sie schieben sich den schwarzen Peter gegenseitig zu. Welches Ehepaar kennt nicht diese Gefährdung? Statt selber zum Versagen zu stehen, macht man den Partner dafür verantwortlich. Aber das ist nur eine Gefährdung.

An weiteren Paaren werden uns Herausforderungen und Gefährdungen konkret gezeigt. Menschliches Unvermögen, menschliche Begrenzung und menschliche Sünde brechen herein. Auch die Ehe wird davon tangiert. Die Bibel zeigt uns Ehepaare, die miteinander unterwegs sind. Aber sie sind alles andere als perfekt. Sie ringen um einen gemeinsamen Weg. Abraham und Sarah, die mit der Frage der Kinderlosigkeit ringen – trotz der Verheissung Gottes für Nachkommen, die über ihrem Leben steht. Sie gehen Wege und Umwege, versuchen Gottes Zusage auf menschliche Weise nachzuhelfen. Wir denken an Isaak und Rebekka, deren Liebe so romantisch beginnt. Doch über der Bevorzugung ihrer Kinder (Rebekka mehr auf der Seite Jakobs – Isaak mehr auf der Seite Esaus) entfernen sie sich voneinander. Ihre Kinder polarisieren sie. Jakob gerät mit seinem Leben zwischen insgesamt vier Frauen. Hier von einer Ehe zu reden, wäre abenteuerlich. Im tiefsten Grunde leidet er unter dieser Zerrissenheit.

Wir sehen schon bald, dass das Gelingen einer Beziehung zwischen Mann und Frau keine Selbstverständlichkeit, sondern vielmehr eine Gnade ist. Sicher sollen wir alles dafür tun, was in unserer Macht steht, um Ehen zu schützen und zu erhalten. Aber es liegt nicht alles in unserer Macht.

Es gehört mit zum Realismus der Bibel, dass schon bald das Thema Ehebruch und Scheidung auftaucht. Eines der zehn Gebote lautet kurz und knapp: *Du sollst nicht ehebrechen.* (2. Mose 20,14) Mir fällt auf, wie schnell wir das mit einer Negativbrille lesen! Doch kehren wir einmal den Spiess um. Was ist Gottes Absicht mit diesem Gebot? Was ist positiv damit gemeint?

Ich würde es so sagen:
Setze Dich für Deinen Ehepartner und die Ehe mit ihm/ihr ein.
Pflege die Beziehung mit Deinem Ehepartner.
Nimm Dir Zeit für Deinen Ehepartner.
Vertraue Deinem Ehepartner.
Nimm die Ehe ernst. Sie ist ein Geschenk Gottes.
Stehe zu dem Versprechen, das Du gegeben hast.
Respektiere die Grenzen der Ehe.
Nimm Deinen Ehepartner von ganzem Herzen an.

Der Sinn dieses Gebots ist positiv. Davon bin ich überzeugt. Mit diesen zehn Geboten möchte Gott das Vertrauen unter uns Menschen und zwischen uns und ihm aufbauen, schützen und erhalten.

Die Ehe ist ein Bund. Aber sie ist offensichtlich ein zerbrechlicher Bund. Sie ist wie ein kostbares Gefäss, das uns aus den Händen fallen und zerbrechen kann. Aber Gott will nicht, dass wir das Gefäss mutwillig auf den Boden werfen – aktiv die Ehe zerstören und zerbrechen. Gott möchte dieses Gefäss schützen und erhalten. Und er möchte, dass wir nicht aktiv zum Zerbruch der eigenen Ehe oder einer fremden Ehe beitragen.

Mann und Frau. Ledigsein und Ehe. Das sind endlose Themen. Auch Paulus muss sich damit auseinander setzen. Er hat von den Korinthern einen Brief mit verschiedenen konkreten Fragen erhalten. Auf diese Fragen geht Paulus nun hier ein. Das heisst aber auch: Er liefert nicht eine komplette Abhandlung über die Ehe, sondern er versucht, die gestellten Fragen zu beantworten.

Korinth war ja ein heisses Pflaster in Sachen sexueller Freizügigkeit. Nun gab es unter Christinnen und Christen in der dortigen Gemeinde eine asketische Reaktion auf diese Hemmungslosigkeit der Gesellschaft. Ein Rückzug auf die Position: Es ist besser, wenn ein Mann keine Frau berührt, konkret: mit keiner Frau sexuell verkehrt. Bevor man das kritisiert, muss man sich einen Moment um Verständnis bemühen. Rundherum wird Sex als billige Ware angeboten, werden Frauen erniedrigt und männlichen Begehrlichkeiten dienstbar gemacht. Ist es nicht verständlich, wenn da sensible Gemüter von Ekel über diese Umgangsformen gepackt werden und zum totalen Rückzug blasen?

Paulus teilt diese Ansicht nicht, sondern er kehrt den Spiess um. Gerade wegen dieser Zügellosigkeit ist es wichtig, Sexualität in einer festen Beziehung auszuleben. Paulus ist in dieser Sache weder blauäugig übergeistlich noch abgehoben asketisch. Gerade in dieser Situation ist wichtig, dass Männer und Frauen diese Gottesgabe der Sexualität in geordneten Beziehungen leben. Und sie sollen sie auch wirklich leben!

Paulus sagt es sogar ganz drastisch: Intimität, körperliche Hingabe, Sexualität ist nicht ein freiwilliges Supplement, sondern etwas, das sich Ehepartner schulden. Sich dieser Schuld verweigern, ist vergleichbar mit einer schludrigen Zahlungsmoral.

Das ist keine leicht verdauliche Kost, die Paulus hier serviert. Er kennt die Situation in Korinth. Er ist vertraut mit der sexuell aufgeladenen Atmosphäre dort. Er lebt nicht hinter dem Mond. Er kennt die Schwierigkeiten von Christinnen und Christen, dort eine Ehe zu führen. Für uns in der westliche Welt sieht es nicht viel anders aus. Auch die Verhältnisse in Europa haben sich in den letzten Jahrzehnten rasant denjenigen in Korinth angenähert.

Wie sollen also Christinnen und Christen Ehe leben in einer Gesellschaft, die Sex vergöttert? Sollen sie enthaltsam leben und so ein Zeichen setzen? Oder sollen sie Sexualität ausleben, aber in einer exklusiven Partnerschaft von Mann und Frau – in der Ehe? Paulus zeigt uns, dass hier nicht alle den gleichen Weg geführt werden. Paulus macht sich stark für Enthaltsamkeit, aber er weiss, dass dies nicht für alle der richtige Weg ist. Mit erschlagender Nüchternheit weist er diejenigen, die ein starkes Verlangen haben, auf die Ehe.

Ja, Paulus äussert sich hier zur Sexualität in der Ehe. Die Bibel geht davon aus, dass das eine Gabe Gottes ist, die zu unserer Würde als Geschöpfe Gottes dazugehört. Mich erstaunt hier, wie offen und unverblümt Paulus davon redet. Und mich erstaunt ebenfalls, wie symmetrisch er das schildert, obwohl er in einer patriarchalischen Gesellschaft lebt. Für Männer und Frauen in Korinth war das abenteuerlich neues Denken, was Paulus hier beschreibt. Die Frau gehört ihrem Mann – und der Mann gehört seiner Frau. Mann und Frau sollen sich nicht einander entziehen.

Nun ist damit eine der grössten Gefährdungen der Ehe angesprochen. Männer entziehen sich ihren Frauen. Und Frauen entziehen sich ihren Männern. So entfremdet man sich, auch wenn der äussere Schein der Ehe gewahrt bleibt. Paulus wettert dagegen! Was ich als Seelsorger höre und wahrnehme, klingt meist so – auch wenn man das nicht pauschal sagen kann. Männer klagen darüber, dass sich ihre Frauen ihnen körperlich versagen und entziehen. Und Frauen klagen darüber, dass sich ihre Männer emotional und kommunikativ zurückziehen.

Genau darauf zielt Paulus ab. Nicht Entzug, sondern Hingabe. Und er schildert nur einen Grund dafür, sich einander zu entziehen. Zu meinem Erstaunen ist das Gebet die Ausnahme, die Paulus zugesteht. Mit anderen Worten: Das Gebet ist ein Grund, dass ihr euch einander entzieht, damit ihr euch eben auf das Beten konzentrieren könnt. Aber ihr müsst beide damit einverstanden sein! Und ihr sollt es nicht zu lange ausdehnen, damit ihr euch nicht ein zu hartes Joch auferlegt.

Hören wir den Ruf des Paulus an die Eheleute? Männer, entzieht Euch Euren Frauen nicht! Frauen, entzieht Euch Euren Männern nicht! Ihr braucht einander. Ihr gehört zueinander. Ihr gehört einander. Ihr könnt Euch nicht einfach einseitig ausklinken. Riskiert die Hingabe!

Nun weiss ich, dass sich in uns viele Widerstände melden, wenn wir diese Worte von Paulus hören. Mir geht es auch so. Aber als Seelsorger muss ich deutlich sagen: Es ginge unseren Ehen besser, wenn wir das beherzigen würden. Es stärkt die Ehe, wenn wir das Wohl unseres Partners hoch achten. Es stärkt die Ehe, wenn ich meinem Partner Privilegien in meinem Leben einräume. Es stärkt die Ehe, wenn wir uns einander hingeben – körperlich, kommunikativ, emotional. Es stärkt die Ehe, wenn wir unseren Partner nicht mehr auf Entzug setzen, sondern uns verschenken. Wir gehören ja ihm/ihr und nicht mehr uns selbst, auch wenn uns das wirklich nicht leicht fällt, dies zu wagen. Das ist der Weg, den Paulus uns hier weist.

Nun behält aber Paulus die Ledigen und die Verwitweten ebenfalls im Blick. Er weiss, dass die Ehe nicht das Einzige ist. Er befreit die Ledigen und die Verwitweten davon, ihren Zivilstand als etwas Minderwertiges zu betrachten. Im Gegenteil! Paulus sieht verschiedene Vorteile für Ledige und Verwitwete. Es liegt eine Chance darin, sich ungeteilter für Gott und sein Reich einzusetzen. Sie müssen sich nicht so bemühen, einem bestimmten Menschen zu gefallen. Aus der Sicht des Missionars, der mit dem Evangelium die Welt durchdringen möchte, wünscht sich Paulus noch mehr ungebundene Ledige, die sich der

Verbreitung der guten Nachricht verschreiben. Er sieht die Freiheit von Ledigen und Verwitweten als Chance, sich stärker an Gott zu binden und sich ungehindert für sein Reich einzusetzen.

Jeder Zivilstand hat seine Chance und seine Herausforderung. Paulus möchte, dass wir unseren Zivilstand ernst nehmen, die Chancen nutzen und uns den Herausforderungen stellen. Wo sind wir da gefordert? Wo liegt unsere Chance, die wir anpacken sollen?

Der Herr segne Euch.

AMEN!

Am Platz bleiben

Im übrigen soll jeder so leben, wie der Herr es ihm zugemessen, wie Gottes Ruf ihn getroffen hat. Das ist meine Weisung für alle Gemeinden. Wenn einer als Beschnittener berufen wurde, soll er beschnitten bleiben. Wenn einer als Unbeschnittener berufen wurde, soll er sich nicht beschneiden lassen. Es kommt nicht darauf an, beschnitten oder unbeschnitten zu sein, sondern darauf, die Gebote Gottes zu halten. Jeder soll in dem Stand bleiben, in dem ihn der Ruf Gottes getroffen hat. Wenn du als Sklave berufen wurdest, soll dich das nicht bedrücken; auch wenn du frei werden kannst, lebe lieber als Sklave weiter. (Andere Übersetzung: Ergreif lieber die Gelegenheit (frei zu werden).) Denn wer im Herrn als Sklave berufen wurde, ist Freigelassener des Herrn. Ebenso ist einer, der als Freier berufen wurde, Sklave Christi. Um einen teuren Preis seid ihr erkauft worden. Macht euch nicht zu Sklaven von Menschen! Brüder, jeder soll vor Gott in dem Stand bleiben, in dem ihn der Ruf Gottes getroffen hat. (1. Korintherbrief 7,17-24)

Liebe Gemeinde!

Oh Paulus! Wenn wir doch nur mit Dir über das reden könnten, was Du hier schreibst ... Paulus entwickelt ja hier ein Prinzip für Christinnen und Christen – einen Grundsatz des christlichen Lebens – eine Leitlinie, die er seinen Gemeinden mitgibt. Diesen Grundsatz wiederholt er in diesem einen Abschnitt dreimal (Verse 17, 20, 24). Er unterstreicht damit die Wichtigkeit und schneidet Fluchtwege ab. Jeder soll in dem Stand bleiben, in dem ihn der Ruf Gottes getroffen hat. (Vers 20) Was meint er damit?

Am besten blenden wir zurück in die antike Grossstadt Korinth. Paulus bringt das Evangelium von Jesus und seiner Befreiung in diese griechische Hafenstadt, die alles andere als ein harmloses Pflaster ist. Es hat dort bereits eine jüdische Gemeinde – die meisten Einwohner sind aber Nichtjuden aus vielfältigen

Hintergründen. Dort zieht nun das Evangelium von Jesus langsam Kreise und eine christliche Gemeinde aus Juden und Heiden bildet sich.

Doch jetzt entstehen natürlich die brennenden Fragen: Wie verhält sich das Evangelium zu meinem bisherigen Leben? Wie wirkt sich die Botschaft von Jesus auf meinen Stand im Leben aus? Stellt sein Wort und Werk meinen Zivilstand auf den Kopf? Wie wirkt sich das Evangelium auf meinen Stand als Jude oder Heide aus? Wenn ich Sklave bin, was bedeutet das Leben in der Nachfolge von Jesus für mich? Und wenn ich den privilegierten Stand als freier Mensch geniesse, was bewirkt das Evangelium dann in meinem Leben?

Paulus muss hier ganz deutlich werden. Er schildert sein Prinzip – und bevor wir das gerne relativieren möchten, sollten wir noch vernehmen, dass er das in allen Gemeinden so handhabt! Er klärt seine Adressaten hier unmissverständlich auf: Das Evangelium löst Euch nicht äusserlich aus Eurem Stand im Leben heraus, sondern es verändert Euren Stand im Leben von innen heraus.

Vielleicht ist dieses Prinzip einfacher zu verstehen, wenn wir uns die Auswirkungen vorstellen und ausmalen, wenn wir es nicht so wie Paulus handhaben. Angenommen, das Evangelium kommt also in eine Stadt und wird von einem Grossteil einer religiös zunächst anders orientierten Bevölkerung angenommen. Die Menschen würden nun das Evangelium so auffassen, dass sie die Befreiung und Erlösung durch Jesus auch aus ihren bisherigen Rollen und Verpflichtungen im Leben total herauslöst. Ehen werden auflöst. Viele lösen ihre Verbindungen zu ihren Wurzeln, ihrer Herkunft, ihrer Familie und brechen haufenweise Beziehungen ab. Soziale Verhältnisse werden sofort auf den Kopf gekehrt etc. Wie würde es in dieser Stadt aussehen? Müssten wir nicht berechtigterweise befürchten, dass innerhalb eines Jahres das grosse Chaos einschlägt?

Das Evangelium ist aber die Botschaft von der Barmherzigkeit Gottes. Sie kommt in unser Leben und in unsere Verhältnisse hinein und möchte sie von innen her verändern. Leider haben Christinnen und Christen diesen nüchternen Rat von Paulus und seine Weisheit nicht immer beachtet. Das ist aber gerade für die missionarische Dimension einer christlichen Gemeinde fatal.

Sicher verändert das Evangelium unsere sozialen Beziehungen. Aber als Christinnen und Christen können wir nicht gemäss der Anweisung von Jesus Licht und Salz (vgl Matthäus 5) sein, wenn wir uns aus unseren gegebenen Bezügen einfach zurückziehen auf die Insel einer christlichen Gemeinde. Wenn Christinnen und Christen sich mit dem Hinweis auf das Evangelium aus ihren bisherigen Beziehungen herauslösen und verabschieden, dann verlieren sie und auch die christliche Gemeinde die Möglichkeit, genau in diese Verhältnisse mit der Botschaft des Evangeliums hineinzuwirken.

Was ich hier schildere, ist keine graue Theorie. Studien haben leider ergeben, dass sich Christen oft genau in die umgekehrte Richtung entwickeln, die Paulus hier schildert. Je länger Christ, desto weniger Beziehungen zu Menschen ausserhalb der christlichen Gemeinde. Leider trägt auch die Verkündigung Mitschuld an solchen Entwicklungen. Das Gegenteil der Botschaft von Paulus hier ist Rückzug. Isolation. Abkapselung. Abschottung.

Aber: Gott hat Dich doch in einen Familienzusammenhang hineingestellt. Lebst Du so? Gott hat Dich in eine Nachbarschaft hineingestellt. Lebst Du da? Gott hat Dir Kolleginnen und Freunde zur Seite gestellt. Nimmst Du Anteil an ihrem Leben? Gott hat Dich in vielfältige Beziehungen hineingestellt, damit Du mit dem Evangelium von Jesus genau da präsent bist, wo sich das Leben abspielt! In der Familie, in der Nachbarschaft, am Arbeitsplatz, im Verein.

Wo wir uns herauslösen und zurückziehen, da ist das eine Tragik, eine missionarische Tragik. Ich wiederhole es: Wo dies bei Menschen geschieht, die durch die Anbindung an den christlichen Glauben und die Einbindung in eine christliche Gemeinde ihre angestammten Beziehungen kappen, ist es eine Tragik. Die Liebe Christi möchte doch gerade dort Kreise ziehen: Dort, wo meine Familie ist. Dort, wo ich arbeite. Dort, wo ich wohne. Dort, wo ich lebe. Dort, wo meine Freundinnen und Kollegen sind.

Wie soll denn das Evangelium an Deinem Arbeitsplatz Kreise ziehen, wenn Du ihn verlässt? Wie soll das Evangelium in Deiner Nachbarschaft Kreise ziehen, wenn Du Dich verflüchtigst und die Vorhänge ziehst? Wie soll das Evangelium in Deine Familie hinein strahlen, wenn Du die Beziehungen auf Sparflamme setzt oder sie gar abbrichst?

Ich sage es immer wieder: Paulus ist unbequem. Paulus ist stachlig. Aber: Paulus ist gerade darum hochinteressant. Und: Paulus regt sicher zum Nachdenken an, weil er vom Evangelium von Jesus bewegt ist.

Jeder soll in dem Stand bleiben, in dem ihn der Ruf Gottes getroffen hat. Paulus hat hier in diesem Kapitel vor allem drei Beziehungskreise im Blick, auf die er seinen Grundsatz anwendet.

Es sind dies:
Das Verhältnis von Mann und Frau – und unser eigener Stand
Das Verhältnis zwischen Juden und Heiden – und unser eigener Stand
Das Verhältnis von Sklaven und Freien – und unsere eigener Stand

Interessanterweise gesteht Paulus in den Kreisen 1 und 3 Ausnahmen zu, aber im Kreis 2 verzichtet er auf die Nennung einer Ausnahme. Paulus hat – als Jude wohlverstanden - wie ein Löwe dafür gekämpft: Man muss nicht Jude werden, um Christ zu sein. Die Freiheit durch das Evangelium ist auch eine Freiheit, dass wir nicht plötzlich etwas werden müssen, was wir von unseren Vorgaben im Leben her gar nicht sind und sein können. Im Galaterbrief zeigt er, wie Judenchristen gefordert sind, einen herzhaften Schritt auf die Heidenchristen zuzugehen: in der Frage der Tischgemeinschaft.

Schwieriger wird es im Kreis 3. Einerseits deshalb, weil wir heute Sklaverei ausschliesslich negativ verstehen, obwohl die antike Sklaverei keineswegs unseren Vorstellungen entspricht. Andererseits auch, weil hier bei Paulus ein entscheidender Satz auf zwei völlig entgegengesetzte Arten übersetzt und ausgelegt werden kann.

Wenn ein Sklave frei werden kann, soll er dann die Gelegenheit ergreifen? Oder soll er bleiben, wie er ist? Beide Auslegungen haben namhafte Vertreter. Die einen sehen die Aussage im Rahmen des Prinzips von Paulus, dass jeder an seinem angestammten Ort bleiben soll. Die anderen sind der Meinung, dass Paulus eben genau hier die Ausnahme zu seinem Prinzip ausführt. Mir leuchtet dies mehr ein und deshalb verstehe ich Paulus hier so: Wer frei werden kann, der soll zupacken! Das ist eine Gelegenheit. Was auch heute bedeuten würde: Wenn sich mir die Gelegenheit des sozialen Aufstiegs bietet, dann gibt mir das Evangelium die Freiheit, hier zuzupacken.

Die meiste Tinte aber braucht Paulus für den ersten Kreis. Die Beziehung von Mann und Frau. Das Feld steckt er ab mit den Worten: verheiratet – ledig – verwitwet. Was Paulus im ganzen siebten Kapitel des 1. Korintherbriefs ausführt, ist beachtlich und seelsorgerlich gedacht. Er unterscheidet hier sorgfältig Weisungen von Gott und seine eigene Meinung. Grundsätzlich ist er auch hier der Meinung: Jeder soll in dem Stand bleiben, in dem ihn der Ruf Gottes getroffen hat. Was so viel heisst wie: Wer verheiratet ist, der soll verheiratet bleiben. Wer ledig ist, soll ungebunden bleiben. Wer verwitwet ist, soll nicht krampfhaft Ausschau halten. Jeder Stand hat seine Vor- und Nachteile, wobei Paulus interessanterweise persönlich mehr Vorteile bei den Ledigen als bei den Verheirateten sieht.

Was aber gar nicht geht, ist das, was immer wieder versucht wird. Man will die Vorteile von zwei verschiedenen Zivilständen kombinieren. Doch hier muss Paulus deutlich werden. Das geht nicht! Man kann nicht verheiratet sein – und dann doch die Vorteile des Ledigseins weiter beziehen wollen. Wer eine Ehe eingegangen ist, der soll diese Ehe mit allen Konsequenzen leben – und nicht den Vorteilen des ungebundenen Standes nachtrauern. Man sagt ja einzelnen Männern genau das nach: Er ist zwar geheiratet - aber er lebt weiter wie ein Junggeselle. Das geht nicht. Das ist eine Quadratur des Kreises. Aber auch das Umgekehrte geht nicht. Man kann nicht ledig sein und dann doch die Vorteile der ehelichen Gemeinschaft in Anspruch nehmen wollen.

Das ist heute ein weites Feld der Verwirrung und es gäbe dazu aus seelsorgerlicher Sicht vieles zu sagen. Wie viele Menschen sind schlicht unzufrieden mit dem Zivilstand, in dem sie leben. Wie viele leben mit ihrem Zivilstand im Kriegszustand. Das Evangelium möchte hier Befreiung bringen, in dem wir zuerst schlicht und einfach JA sagen zu diesem Stand, in dem wir leben.

Und nun kommen die lange ersehnten Ausnahmen. Paulus macht Ledigen und Verwitweten Mut, diesen Stand zu akzeptieren. Aber wenn sie sich im Verlangen nach einem Partner verzehren und auch eine Person bereit ist, mit ihnen eine Partnerschaft zu wagen und die Basis des christlichen Glaubens gegeben ist, dann geht das in Ordung.

Paulus geht weiter und er schildert eine trickreiche Situation, die in Korinth und überall seither immer wieder vorkommt. Der eine Partner lässt sich auf das Evangelium ein, der andere nicht oder vielleicht auch noch nicht. Wie soll die betroffene Christin, der betroffene Christ damit umgehen?

Auch hier ist Paulus wieder sehr unspektakulär. Wenn der Nichtchrist die Ehe bejaht und zu dieser Ehe steht und diese Ehe auch lebt, dann ist das die Basis für das weitere Zusammenleben. Paulus geht hier steil rein: dann darf der christliche Teil diese Ehe nicht auflösen! Wenn aber der nichtchristliche Partner wegen dem Christentum das Weite sucht und aus eigenem Entschluss aus der Beziehung flüchtet, dann lass ihn ziehen.

Mann und Frau. Juden und Nichtjuden. Sklaven und Freie. In der christlichen Gemeinde sind alle vertreten. Durch Christus ist das Trennende überwunden und die Gemeinschaft über diese Schranken hinaus ist gestiftet. Wo die Gemeinde - wo eine Gemeinde - wo unsere Gemeinde das lebt, da ist das ein deutlicher Hinweis auf den, der Versöhnung in unsere zerrissene Welt hineingetragen hat. Durch den Glauben an Jesus verlieren die Stände ihre trennende Wirkung. Wie es Paulus in seinem Brief an die Galater unübertrefflich sagt:

Denn ihr seid alle Gottes Kinder durch den Glauben an Jesus Christus. Denn wie viele von euch auf Christus getauft sind, die haben Christus angezogen. Hier ist nicht Jude noch Grieche, hier ist nicht Knecht noch Freier, hier ist nicht Mann noch Freu. Denn ihr seid alle einer in Jesus Christus. (Galater 3,26-28)

Das bedeutet aber gerade nicht, dass wir aus allem Vorgegebenen herausspringen. Sondern dass die Vorgaben, die trennend sein könnten, durch Christus relativiert sind. Das heisst: Paulus wehrt das Missverständnis ab, dass das Evangelium, wenn es uns als Ruf von Gott erreicht und anspricht, uns aus unseren Beziehungen und Gegebenheiten heraus reisst! Der christliche Glaube bringt nicht die Auflösung sozialer Verhältnisse in eine Gesellschaft herein. Sondern das Evangelium verändert von innen heraus. Deshalb gibt Paulus dieses Prinzip seinen Gemeinden weiter. Es ist nicht zuletzt ein missionarisches Prinzip: Bleibe, damit das Evangelium genau dort, wo Du lebst – mit Gottes Gnade – durch Dich Kreise ziehen kann!

AMEN!

Die Liebe dagegen baut auf

Nun zur Frage des Götzenopferfleisches. Gewiß, wir alle haben Erkenntnis. Doch die Erkenntnis macht aufgeblasen, die Liebe dagegen baut auf. Wenn einer meint, er sei zur Erkenntnis gelangt, hat er noch nicht so erkannt, wie man erkennen muß. Wer aber Gott liebt, der ist von ihm erkannt. Was nun das Essen von Götzenopferfleisch angeht, so wissen wir, daß es keine Götzen gibt in der Welt und keinen Gott außer dem einen. Und selbst wenn es im Himmel oder auf der Erde sogenannte Götter gibt - und solche Götter und Herren gibt es viele -, so haben doch wir nur einen Gott, den Vater. Von ihm stammt alles, und wir leben auf ihn hin. Und einer ist der Herr: Jesus Christus. Durch ihn ist alles, und wir sind durch ihn. Aber nicht alle haben die Erkenntnis. Einige, die von ihren Götzen nicht loskommen, essen das Fleisch noch als Götzenopferfleisch, und so wird ihr schwaches Gewissen befleckt. Zwar kann uns keine Speise vor Gottes Gericht bringen. Wenn wir nicht essen, verlieren wir nichts, und wenn wir essen, gewinnen wir nichts. Doch gebt acht, daß diese eure Freiheit nicht den Schwachen zum Anstoß wird. Wenn nämlich einer dich, der du Erkenntnis hast, im Götzentempel beim Mahl sieht, wird dann nicht sein Gewissen, da er schwach ist, verleitet, auch Götzenopferfleisch zu essen? Der Schwache geht an deiner «Erkenntnis» zugrunde, er, dein Bruder, für den Christus gestorben ist. Wenn ihr euch auf diese Weise gegen eure Brüder versündigt und ihr schwaches Gewissen verletzt, versündigt ihr euch gegen Christus. Wenn darum eine Speise meinem Bruder zum Anstoß wird, will ich überhaupt kein Fleisch mehr essen, um meinem Bruder keinen Anstoß zu geben. (1. Korintherbrief 8,1-13)

Liebe Gemeinde,

Götzenopferfleisch? In Korinth gab es viele Probleme. Und in der christlichen Gemeinde von Korinth gab es viele Probleme. Ein wirklich bedrängendes Alltagsproblem für die Christen war das sogenannte Götzenopferfleisch. Der Apostel Paulus muss sich damit auseinandersetzen, denn es gehört zum Schmelztiegel Korinth, in dem diese Gemeinde lebt, die er selbst dort gegründet hat. Er muss darauf eingehen, denn er wurde von der Gemeinde mit dieser Frage konfrontiert. Weder die christliche Gemeinde in Korinth noch der Apostel Paulus können vor diesem Problem die Augen verschliessen. Sie haben fast täglich damit zu tun. Deshalb brauchen sie hier dringend eine Antwort, eine Hilfestellung, einen Ratschlag.

Doch für uns klingt das sehr fremd! Götzen – Opfer – Fleisch? Unter Fleisch können wir uns schnell etwas vorstellen. Mit Götzen haben wir – so scheint es uns mindestens auf den ersten Blick – nichts zu tun. Und Opfer kennen wir allenfalls aus der Verkehrs- und Kriminalstatistik. Wir reden von Verkehrsopfern und von Gewaltopfern, aber hier geht es ja um Opferfleisch von Tieren. Was ist denn das für ein Problem? Was für Schwierigkeiten sind das, die mit dieser Frage zusammenhängen?

Es geht – kurz gesagt - um vier problematische Alltagssituationen:

Situation 1: Ein christliches Ehepaar geht einkaufen. Sie kommen auf den Fleischmarkt. An Fleisch zum Kauf fehlt es hier nicht. Aber sie wissen: Dieses Fleisch wurde bei der Schlachtung einer Gottheit geweiht. Sollen sie jetzt einkaufen oder nicht? Dürfen sie jetzt einkaufen oder nicht? Müssen sie zuerst nachforschen, woher das Fleisch kommt? Haben sie als Christen die Freiheit, dieses Fleisch zu kaufen und zu essen?

Situation 2: In den Tempeln der verschiedenen Gottheiten in Korinth werden vielfältige Feste gefeiert, die religiöse und soziale Aspekte verknüpfen. Es finden grosse Festessen dort statt. Diese Festmähler kann man sich durchaus als religiös eingefärbte Restaurants der Antike vorstellen. Nun stellt sich die Frage: Kann ich als Mitglied einer christlichen Gemeinde daran teilnehmen, wenn in meiner Gegenwart Fleisch diesen Göttern geweiht und anschliessend gemeinsam verzehrt wird?

Situation 3: Als Christin, als Christ bin ich eingeladen bei Nachbarn, die mit dem Glauben an den Gekreuzigten und Auferstandenen und mit der Kirche nichts am Hut haben. Die Einladung ist ehrlich gemeint und die Stimmung ist gut. Nun wird der dritte Gang aufgetragen: Fleisch. Alle am Tisch wissen: Das ist Götzenopferfleisch, denn anderes Fleisch gibt es in Korinth kaum zu kaufen. Ja – dürfen wir jetzt davon essen? Tangiert das unseren Glauben? Was werden die Nachbarn von unserem Glauben halten, denn sie wissen ja auch, was das für Fleisch ist?

Situation 4: Einige Mitglieder der christlichen Gemeinde in Korinth kamen aus jüdischem Hintergrund, einige aus anderen religiösen Hintergründen. Für Juden war das Essen von Götzenopferfleisch ein Greuel. Wenn also ein Judenchrist auch nach seiner Hinwendung zur christlichen Gemeinde Skrupel hatte, dieses Fleisch zu essen, so ist das mehr als verständlich. Doch für andere Gemeindeglieder war früher das Essen dieses Fleisches so normal wie für uns das Zähneputzen. Wie also tangiert das Essen von Götzenopferfleisch die Gemeinschaft von Judenchristen und Heidenchristen in der Gemeinde? Wie wirkt sich das Essen oder Nichtessen auf den Zusammenhalt der Gemeinde aus?

Was Paulus hier schreibt, war in der antiken Welt mit Händen zu greifen. Archäologen fanden solche Essräume in den Tempeln von Äskulap und Demeter in Korinth. Es existiert auch eine Inschrift, die den Fleischmarkt lokalisiert. Dies nur nebenbei!

Wie die vier eben geschilderten Situationen zeigen, geht es um eine vielschichtige, komplexe Frage, auf die Paulus hier eingehen muss.

In drei Schritten bringt er die Sache auf den Punkt.

1. Die richtige Einstellung ist entscheidend

In der christlichen Gemeinde in Korinth gab es zwei Positionen, zwei Lager zum Thema Götzenopferfleisch. Die Vertreter der einen Position plädierten für einen bedenkenlosen Konsum dieses Fleisches. Sie argumentierten mit ihrer „Erkenntnis" und beriefen sich auf die christliche Freiheit (vgl auch Galater 5,1: *Zur Freiheit hat uns Christus befreit...*). Für sie war das Götzenopferfleisch Fleisch wie jedes andere auch, weil die Götter ja gar keine wirklichen Götter sind.

Die Vertreter der anderen Position konnten sich kein anderes Verhalten als die rigorose Ablehnung jeglichen Götzenopferfleisches vorstellen. Sie konnten sich dabei auf alttestamentliche Traditionen und möglicherweise (je nach Datierung!) auf den Beschluss des sogenannten „Apostelkonzils" berufen, das den Verzicht auf Götzenopfer von Heidenchristen einforderte (Apg 15,29). Dieser Beschluss war ja laut Auskunft von Lukas auch vom Apostel Paulus mitgetragen.

Interessanterweise beginnt nun der Apostel Paulus seine Antwort auf die Frage der Korinther nicht mit Positionen und Meinungen, sondern mit Ausführungen über Erkenntnis und Liebe. Er holt die Christen zuerst vom Sockel herunter und stellt sie in den Senkel. Die richtige Erkenntnis? Die richtige Lösung für das Problem? Die biblische Antwort? Die theologisch wasserdichte Erörterung? Das wäre ja alles toll. Aber Paulus muss ein anderes Kind beim Namen nennen. Es geht zuerst einmal um die Einstellung, um die Haltung. Hier stimmt es nicht! Paulus prangert individualistische Überheblichkeit und hochmütiges Herabsehen auf andere Gemeindeglieder an – und das in einer Gemeinde, die viel vom Heiligen Geist hält und erwartet! Aber Paulus lässt sich nicht blenden. Die Einstellung stimmt nicht, ist verkehrt, ist schief.

Das muss uns hellhörig machen. Erkenntnis allein - Bibelwissen allein - Berufung auf den Geist allein - dogmatische Richtigkeiten allein – da kann man überall richtig liegen und ist laut Paulus trotzdem voll daneben. Alles wichtige Dinge übrigens – Paulus hätte das nicht bestritten. Aber die Erkenntnis muss sich mit Liebe paaren, sonst geht die Sache schon schief, bevor sie angefangen hat. Müsste Paulus uns heute nicht das Gleiche sagen? Müsste er nicht auch uns die Kappe waschen? Er warnt einfach und stellt fest: *Die Erkenntnis macht aufgeblasen, die Liebe dagegen baut auf.* (Vers 1)

Dabei ist Liebe keine weiche Wolke von nichts, die alles schluckt und nirgends aneckt. Liebe muss hartnäckig sein und setzt sich für Wahrheit ein. Aber wir brauchen Liebe, um der Erkenntnis die rechte Balance zu geben. Wie Paulus das auf das Thema Götzenopferfleisch anwendet, das schildert er später.

2. Das grundlegende Bekenntnis bringt Klärung

Nun kommt Paulus nach dieser Einführung tatsächlich zur inhaltlichen Antwort. Etwas Überraschendes geschieht: Er gibt der einen Gruppe Recht – zumindest teilweise, wie wir noch sehen werden. Ja, es gibt keine Götzen, sie sind nichts, sie sind machtlos. Wir haben nur einen Gott und einen Herrn. Auch wenn wir in einer Gesellschaft leben, die viele Götter und unzählige Herren als normal empfindet und selbstverständlich verehrt – auch wenn wir in einer Gesellschaft leben, in der sich der Kaiser mit göttlichen Prädikaten schmückt – für uns Christen ist das anders. Wir unterscheiden uns und bekennen: *so haben doch wir nur einen Gott, den Vater. Von ihm stammt alles, und wir leben auf ihn hin. Und einer ist der Herr: Jesus Christus. Durch ihn ist alles, und wir sind durch ihn.*

Dieses Bekenntnis, das Paulus hier hinschreibt, ist einer der Höhepunkte des Bekennens im Neuen Testament. Es beginnt auf dem Ton des Schema Israel aus dem Alten Testament, das das klassische jüdische Bekenntnis wurde: *Höre, Israel, der HERR ist unser Gott, der HERR allein. Und du sollst den HERRN, deinen Gott, lieb haben von ganzem Herzen, von ganzer Seele und mit aller deiner Kraft. (5. Mose 6,4-5)*

Und dann geht es weiter. Das christliche Bekenntnis ist ein Bekenntnis zur Macht und Herrschaft von Jesus, dem Christus, dem Gesalbten Gottes. Doch das ist kein verstaubtes theologisches Bekenntnis eines Schreibtischtäters. Das

Bekenntnis zu Gott ist ein Bekenntnis, dass wir auf ihn hin leben. Dieser Gott hat mit der Zielrichtung meines Lebens zu tun. Das Bekenntnis zu Jesus ist ein Bekenntnis, dass wir durch ihn sind, was wir sind. Unsere Identität hat mit dem zu tun, was Jesus lebte und wie er starb, was er sagte und was er tat, wie er auferstand. Unser Glaube lässt sich nicht von dem ablösen, wer Jesus war und ist.

Und doch kommt ja dieses Bekenntnis hier fast beiläufig, fast nebenbei. Es wird ausgesprochen, um die unzähligen Götter, mit denen die Korinther in ihrer Stadt an vielen Ecken in Berührung kamen, herunter zu holen und ihnen zu sagen: Diese Gottheiten und ihre Tempel haben keinen Anspruch mehr auf euer Leben. Sie haben keine Macht mehr über Euch. Ihr seid frei – durch Christus.

3. Wirkliche Freiheit und ihre Grenze

Nun könnte man in der Folge meinen, dass Paulus ganz auf die liberale Seite kippt. Von Gott her gesehen, von der Beziehung zu Gott gesehen, macht es keinen Unterschied, ob wir nun dieses Fleisch essen oder nicht. Was für eine Freiheit! Was für ein Evangelium! Unsere Stellung zu Gott verändert sich nicht durch diese und verwandte Fragen! Wir haben – von Gott her – die Freiheit, zu essen – und die Freiheit, nicht zu essen. Wie Jesus das schon gesagt hat, verunreinigt uns keine Speise, die wir von aussen aufnehmen (Markus 7,15). Oder wie Paulus es hier sagt: *Wenn wir nicht essen, verlieren wir nichts, und wenn wir essen, gewinnen wir nichts.* (Vers 8) Was für eine Freiheit!

Doch dann zeigt Paulus die Grenze dieser Freiheit – und da weist er die liberale Gruppe in der Korinther-Gemeinde in ihre Schranken. Paulus sagt: Ja, aber … ! Ja, aber ihr müsst auch an die Judenchristen in Eurer Gemeinde denken. Was geschieht durch eure Freiheit mit ihnen?

Ja, aber ihr müsst auch an die denken, die sich erst gerade von diesen Gottheiten losgesagt und Christus zugewandt haben. Wie geht es ihnen, wenn sie euch da fröhlich von einem social event aus dem Tempel spazieren sehen, bei dem ihr Götzenopferfleisch gegessen habt?

Ja, aber ihr müsst an eure Geschwister denken, die kein so robustes Gewissen haben wie ihr – die beim Essen dieses Fleischs einfach plötzlich von der Macht dieser Götzen wieder beeindruckt werden und so womöglich wieder in alte Muster und alte religiöse Loyalitäten zurückfallen!

Ja, aber: Habt ihr nicht bemerkt, dass ihr Freiheit so einsetzen könnt, dass ihr einen Keil in die Gemeinde treibt?

Diese Bedenken von Paulus müssen wir hören und ernst nehmen. Sie sind nach meiner Einschätzung sehr aktuell und relevant. Zu oft wird heute nur gefragt: Stimmt's für mich? Stimmt's für dich? Es geht aber bei weitem nicht nur um dich und es geht auch nicht nur um mich. Es geht bei dem, was wir tun und lassen, immer auch um andere Menschen, um unsere Geschwister und um die Gemeinschaft der christlichen Gemeinde. Ich weiss, wir sind da von unserer Gesellschaft anders programmiert.

Paulus führt hier über dieses kurzsichtige Denken hinaus und sagt: Du musst auch an Deine Mitchristen, an Deine Geschwister in der christlichen Gemeinde denken. Dabei meint Paulus die konkreten Gemeindeglieder in Korinth, die sich auch gekannt haben. Das war eine überschaubare Anzahl von Personen: Männer und Frauen und Kinder und Witwen mit Gesichtern und Namen.

Beispielsweise der ehemalige Säufer, der jetzt trocken ist. Kann ich ihn einfach zu einem Glas Wein einladen? Oder bringe ich ihn da auf die schiefe Bahn? Bin frei, ein Glas zu trinken – während er sich ein Mineralwasser bestellt? Kann ich mit ihm darüber sprechen? Oder ist es sonnenklar, dass ich da selbstverständlich verzichten muss – aus Liebe und Respekt und Rücksichtnahme, auch wenn ich selber kein Problem mit Alkohol habe?

Ich wollte übrigens hier einfach behaupten: die Starken sind die langjährigen Christen. Sie sind die, die eine grosse Freiheit im Glauben gefunden haben, diese Freiheit auch ausstrahlen und diese Freiheit in Christus auch bezeugen. Doch dann merkte ich, dass sich das nicht mit der Realität reimen will. Was ist dann mit den langjährigen Christen, die die Grenzen immer noch eng setzen (und vielleicht als Selbstschutz eng setzen müssen), die immer noch ängstlich sind in Bezug auf Einflüsse und Mächte finsteren Ursprungs, die immer noch befürchten, sie würden sich durch Äusseres verunreinigen in ihrer Beziehung zu Gott. Ob es uns gefällt oder nicht: Sie sind für Paulus die Schwachen – und nicht etwa die Starken. Ich gebe zu, dass dies meine Schubladisierungen durcheinander gebracht hat. Es ist sicher keine Schande, schwach zu sein – und es dann – auch als langjähriger Christ oder Christin einfach zuzugeben: Ich bin an diesem Punkt schwach und muss für mich hier die Grenzen eng ziehen! Aber wie gesagt: Paulus bezeichnet dies als Schwäche.

Fazit zum Ganzen: Christus ist für mich und für meinen Bruder, für meine Schwester gestorben. Wenn ich sie schädige, sündige ich gegen Christus, auch wenn ich biblisch-theologisch noch so recht haben mag. Ich bin vor Gott mitverantwortlich für das, was mit ihnen geschieht, wenn ich meine Freiheit ungeschützt auslebe. Paulus sagt dazu: Ja, aber …!

AMEN!

Viele gewinnen

Da ich also von niemand abhängig war, habe ich mich für alle zum Sklaven gemacht, um möglichst viele zu gewinnen. Den Juden bin ich ein Jude geworden, um Juden zu gewinnen; denen, die unter dem Gesetz stehen, bin ich, obgleich ich nicht unter dem Gesetz stehe, einer unter dem Gesetz geworden, um die zu gewinnen, die unter dem Gesetz stehen. Den Gesetzlosen war ich sozusagen ein Gesetzloser - nicht als ein Gesetzloser vor Gott, sondern gebunden an das Gesetz Christi -, um die Gesetzlosen zu gewinnen. Den Schwachen wurde ich ein Schwacher, um die Schwachen zu gewinnen. Allen bin ich alles geworden, um auf jeden Fall einige zu retten. Alles aber tue ich um des Evangeliums willen, um an seiner Verheißung teilzuhaben. Wißt ihr nicht, daß die Läufer im Stadion zwar alle laufen, aber daß nur einer den Siegespreis gewinnt? Lauft so, daß ihr ihn gewinnt. Jeder Wettkämpfer lebt aber völlig enthaltsam; jene tun dies, um einen vergänglichen, wir aber, um einen unvergänglichen Siegeskranz zu gewinnen. Darum laufe ich nicht wie einer, der ziellos läuft, und kämpfe mit der Faust nicht wie einer, der in die Luft schlägt; vielmehr züchtige und unterwerfe ich meinen Leib, damit ich nicht anderen predige und selbst verworfen werde. (1. Korintherbrief 9,19-27)

Liebe Gemeinde!

Und wieder gibt uns Paulus einen tiefen Einblick in die Art und Weise seines Christseins. Einen Einblick in die Freiheit des Glaubens, aus der er lebt. Einen Einblick in die Bereitschaft zum Verzicht, weil es sich im Blick auf das grosse Ziel lohnt. Einen Einblick in die Flexibilität, mit der er verschiedenartigen Menschen begegnet. Einen Einblick in die Motivation, die ihn antreibt. Einen Einblick in seine Prioritäten.

Hast Du ein Ziel, auf das Du mit Deinem Leben zugehst? Gibt es etwas, das Du in Deinem Leben unbedingt noch erreichen möchtest? Gibt es für Dich ein Ziel, für das Du auf vieles verzichten würdest? Paulus hat ein solches Ziel. Er nennt es hier. Er möchte möglichst viele gewinnen. Gewinnen für Gott. Gewinnen für das Evangelium von Jesus. Für die gewaltige Botschaft der Gnade Gottes, die uns, die Dir und mir gilt, aus der wir leben dürfen. Dafür möchte er Menschen gewinnen, motivieren, ausrüsten, ausbilden, trainieren.

Menschen gewinnen ist eine nicht ungefährliche Disziplin. Wir dürfen uns aber keinen Illusionen hingeben. Täglich wird versucht, uns und andere für etwas zu gewinnen – und sei es auch nur die neuste Elektronik, ein Duschmittel oder ein besonders schmackhaftes Brot. Doch es geht nicht nur ums Portemonnaie. Wir sind Zielscheiben für Werber aller Art, die uns für Lebensstile, Modetrends und religiöse Überzeugungen zu gewinnen versuchen. Ich kann es nur für mich selbst sagen: Die missionarischsten Leute, die ich in den vergangenen Jahren kennen gelernt habe, waren nicht etwa Christen, sondern Verkäufer aller Schattierungen, von Hobbies vollkommen Angefressene – und Esoterikerinnen. Es geht nicht darum, ob wir gewonnen werden sollen. Die grosse Frage ist, wofür man uns gewinnen will.

Paulus will Menschen gewinnen fürs Evangelium. Und das erste, was wir ihm positiv anrechnen können, ist dies: Er steht offen dazu. Er verschleiert sein Ziel nicht. Doch: Wie will er Menschen gewinnen für das Evangelium? Wie möchte er das anpacken? Was für einen Weg schlägt er ein?

Im Laufe meiner christlichen Laufbahn habe ich schon viel gehört, wie man das anpacken müsste und sollte. Unbedingt Traktate unters Volk resp. in die Briefkästen streuen. Zu zweit von Haus zu Haus gehen. Riesige Events veranstalten. Intensiv um Erweckung beten. Oder einfach still und treu seinen Weg gehen. Bestimmte Orte oder Konferenzen besuchen. Einladen zu Gottesdiensten – zu Gottesdiensten für Kirchendistanzierte. Mitarbeiten in der Gesellschaft. Unbedingt diesen oder jenen Kurs besuchen oder durchführen. Mehr Bibelverbreitung. Mehr Lob Gottes, mehr Fürbitte, mehr Segnung, mehr Stille, mehr Gemeinschaft … Mehr von allem …

Wir halten einen Moment inne und fragen uns: Kommen diese Vorschläge von Jesus – oder von seinen Aposteln? Von Paulus? Ja, welchen Weg hat denn Paulus eingeschlagen, um möglichst viele Menschen fürs Evangelium zu gewinnen? Schauen wir genau hin. Er geht den Weg zu mehr Flexibilität. Er sagt nicht einfach: Kommt und kopiert meine Methode. Macht es genau so wie ich. Was er uns hier mitteilt, hat unter Kirchen aller Schattierungen leider nicht gerade Hochkonjunktur. Paulus zeigt einen anderen Weg: Ich werde den Juden einer von ihnen – er war ja tatsächlich Jude von Haus aus. Das war nicht sehr schwer für ihn. Aber es geht weiter. Er steckt das Feld viel, viel weiter. Er erwähnt Menschen unter dem Gesetz – wahrscheinlich die sogenannten Gottesfürchtigen, also Menschen, die sich dem jüdischen Glauben zugewandt haben, ohne die letzte Konsequenz des Übertritts zu ziehen. Eine Art Sympathisanten des Judentums. Und dann zieht er den Kreis noch weiter – hin zu den Völkern, hin zu den Menschen ausserhalb des Judentums. Sie werden beschrieben als Menschen ohne Gesetz – gemeint ist das mosaische Gesetz, das weit über die zehn Gebote hinausgeht. Zuletzt werden die Schwachen genannt – ein Rückbezug auf diejenigen, die im Blick auf christliche Freiheiten die Grenzen für sich selbst eng stecken müssen. Diese Menschen aus ganz verschiedenen Hintergründen hat Paulus im Blick.

Wenn wir uns für jeden dieser vier Kreise eine Person vorstellen, dann ahnen wir, was für eine Liebe und Hingabe, was für eine Flexibilität erforderlich ist, um diese Menschen für das Evangelium von Jesus zu gewinnen. Doch: Haben wir es nicht heute mit einer solchen Bandbreite von verschiedensten Menschen zu tun. Paulus zeigt den Korinthern und uns den Weg: ich werde einer von ihnen. Ich gehe zu ihnen hin. Ich lasse mich auf ihre Lebenswelt ein. Ich verwende ihre Sprache. Ich werde wie sie. Weshalb? Um einige zu gewinnen. Menschen können wir dann gewinnen fürs Evangelium, wenn wir uns wirklich auf sie einlassen, zu ihnen gehen, mit ihnen Zeit verbringen, ihre Freuden und Leiden teilen, ihre Nöte hören, ihre Siege mitfeiern. Ist das nicht genau das, was Jesus auch getan hat?

Mir geben diese Verse zu denken. Sind wir als Christinnen und Christen nicht allzu oft genau den umgekehrten Weg gegangen? Verlangen wir nicht unbewusst, dass andere zuerst einmal werden sollten wie wir, damit sie dann auch am Evangelium teilhaben dürfen? Wollen wir nicht – bewusst oder unbewusst – Menschen in ein bestimmtes Schema pressen, statt dass wir uns wirklich auf sie einlassen? Hatten wir nicht oft harte Forderungen, was Menschen, die ihre Tür einen Spalt breit dem Evangelium öffnen, dann alles sofort tun oder lassen müssten? Hatten wir diese missionarische Barmherzigkeit, die Paulus hier beschreibt, die Jesus unübertrefflich vorgelebt hat?

Ich vermute, dass wir diese Verse hier längere Zeit als Medizin inhalieren müssen. Paulus ist Missionar. Er will Menschen gewinnen. Und das ist nicht nur ein Lippenbekenntnis in sicheren Veranstaltungen und hinter geschlossenen Türen. Er tut es auch. Er lebt es auch. Er lehnt sich weit aus dem Fenster. Er geht Risiken ein. Er lebt es den Korinthern vor. Wir müssen uns auf die Menschen, die wir gewinnen wollen, auch wirklich einlassen. Anders geht es nicht. Von oben herab geht es nicht. Aus sicherer Distanz geht es nicht. Wir müssen den Weg Jesu gehen. Den Weg hin zu den Menschen, die Gott so unendlich liebt, dass er sogar das Kreuz in Kauf nimmt.

Den Juden ein Jude – den Griechen ein Grieche. So ist es sprichwörtlich geworden. Wir können das weiterschreiben: Meinem Nachbarn ein Nachbar. Meinen Arbeitskollegen ein Arbeitskollege. Meinen Familienangehörigen ein Angehöriger ... Ich habe dazu eine einfache Theorie: Wenn eine Gemeinde diese Liebe lebt und das Evangelium so verkündigt, dann wird sie – früher oder später – überrannt. Doch: Leben wir so? Ist das unsere Einstellung? Ist das die Liebe, mit der wir auf Menschen zugehen?

Paulus macht keine inhaltlichen Konzessionen. Er verscherbelt das Evangelium nicht zu einem billigen Preis. Er mindert nicht die teure Gnade Gottes herab. Aber er geht mit diesem kostbaren Evangelium hin zu den Menschen, kommt ihnen nahe, verbringt mit ihnen Zeit, teilt sein Leben.

Es verwundert nun gar nicht, dass Paulus unmittelbar daran einen Vergleich aus dem Sport anschliesst. Er vergleicht diese Lebensweise unter den Menschen mit dem Einsatz eines Athleten. Zu Recht denken wir an die Leichtathletik, an die Läuferinnen und Läufer auf der Bahn. Genau das hat Paulus vor sich. Und auch für die Korinther war das ein sehr vertrautes Bild.

Wir kennen die Olympischen Spiele, deren Grundidee ja aus der antiken Welt übernommen wurde. Neben den Olympischen Spielen gab es damals noch drei weitere ähnliche Grossanlässe. Es gab die pythischen Spiele in Delphi, die nemeischen Spiele in Nemea – und die istmischen Spiele in Korinth. Die Disziplinen bei diesen Festspielen waren verschiedenen Läufe, dann aber auch Ringen, Faustkampf, Pankration (eine Mischung aus Boxen und Ringen), Fünfkampf – und ein musikalischer Wettkampf von Trompetern und Herolden. Im Weiteren gab es hippische Disziplinen wie Wagenrennen und Wettreiten. Jeder Korinther kannte also dieses Bild vom Läufer, das Paulus hier braucht, aus nächster Nähe. Die istmischen Spiele fanden seit 581/580 v. Chr. regelmässig alle zwei Jahre im Frühling auf Istmus bei Korinth statt. Istmus ist die schmale Landbrücke, die den Peloponnes mit dem griechischen Festland verbindet. Seit 1893 ist Istmus durchschnitten durch den Kanal von Korinth.

Dort fanden also zur Zeit von Paulus eine Art Olympische Spiele im Kleinformat statt. Dort in Istmus bei Korinth gab es zwei Tempel, eine Stadionanlage, ein Hippodrom, Herbergen für fremde Athleten etc. Eingeladen zu diesen Spielen waren die griechischen Stämme und seit 228 v. Chr. auch die Römer. Für die Wettkämpfe wurden die Athleten – alles Männer – in Altersklassen eingeteilt. Man unterschied Knaben, „Unbärtige" und Männer. Der Sieger wurde geehrt durch einen Palmzweig in der Hand und einen Fichtenkranz auf dem Kopf. Doch die grösste Ehre war der Jubel der Zuschauer und die Verehrung durch die Heimatstadt und die Dichter.

Doch was sind die Siegeskränze bei den Isthmischen Spielen inklusive Ehrungen von Politikern und Dichtern und das Klatschen der Zuschauer im

Vergleich mit dem Siegeskranz, den es bei Gott zu gewinnen gibt? Paulus nimmt nun diesen anschaulichen Hintergrund der Spiele und braucht die Athleten als Vorbilder fürs Christsein. Er argumentiert: Wenn das schon bei Athleten so ist, wie viel mehr gilt das dann bei Christen!

Vielleicht denken wir beim Christsein eher an einen gemütlichen Spaziergang oder eine anspruchslose Kurzwanderung. Aber Paulus denkt beim Christsein an die Athleten im vollbepackten Stadion mit den Schiedsrichtern und den Zuschauern, mit Raunen und Jubel, mit Emotionen. Siege und Niederlagen, Ruhm und Schmach sind da nahe beieinander. Paulus denkt an dieses Bild fürs Christsein. Weshalb? Ich sehe drei Gründe dafür:

Hingabe: Christsein fordert uns ganz – genauso wie ein Wettkampf einem Athleten alles abverlangt.
Ziel: Christsein ist eine Bewegung auf ein Ziel zu – so wie die Läufer nach dem Start zum Ziel rennen.
Training und Verzicht: Christsein bedeutet, dass ich bereit bin, für diese hohe Berufung viele Trainingseinheiten und auch Verzicht in Kauf zu nehmen. Wie die Läufer in der olympischen Vorbereitung auch auf vieles verzichten, weil sie ein grosses Ziel vor Augen haben. Sie richten ihre Jahresplanung, ihre Ernährung, ihre Zeiteinteilung, ihr berufliches Engagement, ihre Freizeitgestaltung auf dieses grosse Ziel aus.

Wenn wir gerade in diesen Tagen wieder sehen, hören und lesen, wie sich Sportlerinnen und Sportler auf French Open und Wimbledon, auf die Fussball-Europameisterschaft in Portugal oder auf die Olympiade in Athen vorbereiten, dann haben wir hier die lebendige Illustration für unser Leben als Christinnen und Christen vor Augen. Das ganze Leben ist betroffen. Trainer erlauben sich, sogar in persönlichste und intimste Bereiche ihrer Schützlinge Einfluss zu nehmen. Das alles, um dem Podest, dem ganz grossen Gewinn möglichst nahe zu kommen.

Paulus führt das weiter und bringt noch den Faustkämpfer ins Spiel. Das ist ein Vergleich, der nicht bei uns allen auf Sympathie stösst. Nach dem Läufer kommt also eine weitere damalige olympische Disziplin ins Spiel. Der Faustkämpfer leistet sich nicht den Luxus, in der Luft herumzuboxen. Er will seine Kraft nicht verschleudern. Er will gezielte Schläge austeilen. Er will am richtigen Ort treffen. Nun wendet Paulus dieses Bild: die Schläge, die er austeilen muss, um nicht unterwegs vom Ziel abzukommen, treffen ihn selbst. Er muss sich in Selbstbeherrschung üben. Er muss seinen Körper trainieren und ihm vieles abfordern. Nicht dass er anderen tolle christliche Dinge erzählt – und es selbst nicht einlöst. Paulus möchte dranbleiben – nicht aufgeben. Durch die harte Schule gehen. In der grossen Überzeugung: Für das Evangelium lohnt es sich auf jeden Fall, diesen ganzen Einsatz zu bringen. Die Athleten tun das für vergängliche Ehrungen, wir tun es im Blick auf eine Auszeichnung, die ewig bleibt.

Wie wäre es, wenn wir dieses Bild auf uns selbst und unsere Gemeinde anwenden? Wir sind die Athleten, die Kirchgemeinde der Sportverein, die Gottesdienste und Aktivitäten unsere Trainingseinheiten, die persönliche Bibellese unser Konditionstraining, das Beten unsere Atemübung?

AMEN!

Die Grenze der Versuchung

Ihr sollt wissen, Brüder, daß unsere Väter alle unter der Wolke waren, alle durch das Meer zogen und alle auf Mose getauft wurden in der Wolke und im Meer. Alle aßen auch die gleiche gottgeschenkte Speise, und alle tranken den gleichen gottgeschenkten Trank; denn sie tranken aus dem lebensspendenden Felsen, der mit ihnen zog. Und dieser Fels war Christus. Gott aber hatte an den meisten von ihnen kein Gefallen; denn er ließ sie in der Wüste umkommen. Das aber geschah als warnendes Beispiel für uns: damit wir uns nicht von der Gier nach dem Bösen beherrschen lassen, wie jene sich von der Gier beherrschen ließen. Werdet nicht Götzendiener wie einige von ihnen; denn es steht in der Schrift: Das Volk setzte sich zum Essen und Trinken; dann standen sie auf, um sich zu vergnügen. Laßt uns nicht Unzucht treiben, wie einige von ihnen Unzucht trieben. Damals kamen an einem einzigen Tag dreiundzwanzigtausend Menschen um. Wir wollen auch nicht den Herrn auf die Probe stellen, wie es einige von ihnen taten, die dann von Schlangen getötet wurden. Murrt auch nicht, wie einige von ihnen murrten; sie wurden vom Verderber umgebracht. Das aber geschah an ihnen, damit es uns als Beispiel dient; uns zur Warnung wurde es aufgeschrieben, uns, die das Ende der Zeiten erreicht hat. Wer also zu stehen meint, der gebe acht, daß er nicht fällt. Noch ist keine Versuchung über euch gekommen, die den Menschen überfordert. Gott ist treu; er wird nicht zulassen, daß ihr über eure Kraft hinaus versucht werdet. Er wird euch in der Versuchung einen Ausweg schaffen, so daß ihr sie bestehen könnt.
(1. Korintherbrief 10,1-13)

Liebe Gemeinde!

Alle … Alle Israeliten … Alle im Gottesvolk … Paulus steigt steil ein. Im Hintergrund läuft als Film die Wüstenwanderung der Israeliten nach dem Auszug aus Ägypten und vor dem Einzug ins Gelobte Land ab. Sie sind unterwegs. Es ist eine Zwischenzeit. Das Alte liegt – äusserlich gesehen – hinter ihnen. Das Neue, das Verheissene liegt vor ihnen. Sie sind auf der Wanderung durch die Sinai-Wüste.

Weshalb sage ich: das Alte liegt – äusserlich gesehen – hinter ihnen? Liegt es denn nicht wirklich hinter ihnen? Ja, das ist gerade die Pointe! Sie haben Ägypten geographisch hinter sich gelassen. Aber Ägypten lebt in ihnen weiter. Sie sind alle geprägt von Ägypten. Ägypten hat in ihren Herzen Spuren hinterlassen. Die Beispiele finden wir zu Hauf in diesen erfrischend unverblümten Schilderungen der Mosebücher.

Nur ein Beispiel: Als Mose da länger nicht vom Berg herunterkommt und sie sich mit Aarons Einverständnis einen Götzen basteln, was bauen sie denn da? Wir nennen es das „Goldene Kalb“ – müssten zutreffender aber sagen: Einen vergoldeten Stier. Weshalb ausgerechnet dieses Tier? Und weshalb vergoldet? Weshalb gerade dieses Symbol der Stärke und Fruchtbarkeit? Ja, das haben sie in Ägypten gesehen und abgeschaut. Die Ägypter haben solche aufgestellt und angebetet. Als sie in die Klemme kamen, waren die alten Muster und Vorbilder in ihren Herzen griffbereit. Dabei hatte doch Gott schon so viel Besonderes für sie arrangiert.

Am gleichen Beispiel sehen wir auch, dass sie die Sklaverei noch nicht hinter sich gelassen haben. Sie steckt ihnen noch in den Knochen. Sie hatten ja Tag für Tag Befehle auszuführen. Eigenes Denken war da nicht besonders gefragt. Sie mussten als superbillige Arbeitskräfte für den ägyptischen Pharao funktionieren. Sie waren es gewöhnt, dass ihnen immer jemand sagte, wie es jetzt weitergeht und was sie zu tun haben. Und nun soll Mose dieses versklavte Volk in die Freiheit führen. Sie sollen Menschen werden, die in Freiheit und Würde leben. Gott selber möchte sie in diese Freiheit und Würde hinein führen. Mose ist sein Werkzeug.

Aber jetzt ist ja Mose auf dem Berg. Er ist weg. Er ist nicht da. Unsicherheit macht sich breit. Das Volk von ehemaligen Sklavinnen und Sklaven will von jemandem hören, wie es jetzt weitergeht und was zu tun ist. Sie machen das Naheliegendste. Sie packen Aaron. Der muss ihnen jetzt sagen, wie es geht. Aber Aaron ist ja auch von der Sklaverei traumatisiert und kennt die Freiheit von Mose nicht. Und sein Vorschlag? Rückwärts direkt in die ägyptischen Muster rein … Goldenes Kalb!

Paulus zählt auf, was Gott auf dieser langen Wüstenwanderung an Segnungen bereitgestellt hat – und es ist bei weitem keine vollständige Aufzählung:

die Wolke bei Tag und die Feuersäule bei Nacht, die vorausgeht und den Weg anzeigt. Wäre das nicht auch heute praktisch?

der wundersame Durchzug durchs Rote Meer – für die Ägypter eine Niederlage – für die Israeliten ein Neuanfang, den sie nicht ihrer eigenen Leistung, sondern dem gnädigen Eingreifen Gottes zuschreiben müssen.

die Erfahrung, dass Gott sie nährt und tränkt, wo menschliche Möglichkeiten am Ende sind – angespielt wird auf Manna, Wachteln und Wasser aus dem Felsen.

Alle Israeliten auf der Wüstenwanderung haben davon profitiert. Alle. Alle haben diese Wunder und Segnungen erlebt und genossen. Alle. Niemand im Volk Gottes war davon abgeschnitten oder davon ausgeschlossen. Niemand.

Genau hier gerät der Zug ins Stocken. Erlebnisse mit Gott. Wunder im eigenen Leben. Fügungen und Führungen von Gott. Durch eine wunderbare Taufe gerettet (Paulus vergleicht ja den Durchzug durchs Rote Meer mit der Taufe). Gesegnet mit geistlicher Nahrung. Und dann kommt ein Satz, der einen durch Mark und Bein gehen kann, wenn man ihn ernst nimmt: *Gott aber hatte an den meisten von ihnen kein Gefallen; denn er ließ sie in der Wüste umkommen.*

Mit anderen Worten: Erlebnisse mit Gott in der Vergangenheit sind keine Garantie – so schön das wäre. Geistliche Segnungen, denen wir ausgesetzt sind und die wir erfahren und genossen haben, sind keine Garantie. Erfahrungen von

Gottes gnädigem Führen im eigenen Leben – keine Garantie. Eine gradiose Tauferfahrung – keine Garantie. Geistliche Nahrung genossen – keine Garantie.

Paulus bringt es ganz krass auf den Punkt: Alle Israeliten auf der Wüstenwanderung hatten solches erlebt – und trotzdem gingen sie im entscheidenden Moment völlig in die Irre. Er sagt es sogar noch stärker. Trotz all diesen erlebten Segnungen von Gott verworfen und in der Wüste verstorben. Und erst noch eine Mehrheit von ihnen.

Paulus phantasiert nicht. Das kann man mit einfachem Nachlesen der Geschichten in den Mosebüchern auffinden. Es ist tatsächlich im Alten Testament so geschildert. Und man fragt mit Recht: Weshalb denn?

Hier setzt Paulus mit seiner Interpretation ein. Es ist eine Deutung, die ich ehrlich gesagt ziemlich kühn finde …

Die Wüste ist anschaulich. Wir können uns mit Büchern und Filmen – oder sogar mit eigenen Reisen – leicht ein Bild von der Wüste machen. In der Bibel ist die Wüste oft der Ort, wo Gott prüft, wo Gott Menschen begegnet, wo Gott Wegweisung schenkt. Ich vermute, dass das damit zu tun hat, dass die Wüste nicht viel Ablenkung bietet. Und wenn ich das sage, so denke ich auch gerade laut weiter. Brauchen wir nicht alle von Zeit zu Zeit, vielleicht einmal pro Monat, eine Wüstenzeit. Eine Zeit, in der wir das Handy liegen lassen und die Emails ungelesen bleiben? Eine Zeit, in der wir der Zerstreuung eine Absage erteilen und uns auf Gott und sein Wort konzentrieren? Wer es wagt, der merkt, dass das nicht ganz einfach ist.

Paulus ist ganz kühn in seiner Deutung. Das, was sich damals, vor über tausend Jahren in der Wüste abgespielt hat, steht in direktem Zusammenhang mit Euch in Korinth! Nun, wenn er so elegant die tausend Jahre überbrückt, dann sitzen auch wir nochmals zweitausend Jahre später ebenfalls im gleichen Boot. Was Paulus meint, ist folgendes: Ihr könnt aus diesen Beispielen lernen. Ihr könnt insofern daraus lernen, indem ihr nicht alle diese Dummheiten nochmals wiederholt. Ihr könnt daraus lernen, dass Gott daran interessiert ist, uns nicht nur äusserlich (das auch!), sondern auch innerlich zu prägen. Ihr könnt daraus lernen, dass Gott keine Rückversicherung im Westentaschenformat ist, den wir bei Bedarf hervorzaubern und danach wieder verschwinden lassen. Ihr könnt daraus lernen, dass Gott ein ernst zu nehmender Gott ist, der sich nicht nur für eine fromme Abteilung, sondern für unser ganzes Leben interessiert.

Freundlicherweise ist Paulus auch gerade mit Beispielen zur Hand, wie er das meint. Er bringt einen kleinen Katalog aus der Wüstenwanderung. Jede Nennung ist wie eine gelbe Karte …

Verlangen nach Bösem: hier betreten wir das Minenfeld der Motive, dessen, was uns im Innersten bewegt. Und da gibt es auch Kräfte, die uns hinziehen, wo die Bosheit wohnt. Ich konkretisiere das nicht. Ihr kennt sicher Beispiele.

Anbetung von Götzen: auch hier die gelbe Karte. Wo wir Menschen den lebendigen Gott verlassen, heisst das noch lange nicht, dass wir die Leerstelle in unserem Leben unbesetzt lassen. Wir im Westen und in der Schweiz sind besonders geschickt darin, diese Götzen nicht als Götzen erscheinen zu lassen und sie auch nicht als solche zu benennen. Luther hat es in seinem Katechismus von 1529 einfach und präzise gesagt: Woran Du nun Dein Herz hängst und Dich darauf verlässt, das ist eigentlich Dein Gott. Er erwähnt nicht zufällig an erster Stelle Geld und Gut. Sind wir uns dieser Gefahr bewusst? Macht es Sinn, an Metall und Papier und Kontoauszüge und Lottomillionen sein Herz zu hängen? Interessanterweise kann man sein Herz daran hängen, wenn es hat – und auch dann, wenn man es eben nicht hat! Gott will uns aus dieser Sklaverei hinausführen und uns einen befreiten Umgang mit Geld und Gut beibringen. Geld kann ein guter Diener sein – aber es ist zweifellos ein schlechter Meister … Daneben gibt es jede Menge Götzen. Fast alles Gute kann bei Übertreibung zum Götzen werden. Geld, Sex und Macht sind drei der häufigeren, wobei diese drei nicht von Haus aus schlecht sind, sondern missbraucht werden. Daneben halte ich auch Gesundheit für einen der Lieblingsgötzen unserer Breitengrade. Weshalb sagen wir denn : Das Wichtigste ist Gesundheit? Und weshalb wundern wir uns darüber, dass unser Verständnis von Gesundheit nicht mehr finanzierbar ist? Und weshalb reden wir von Ärzten als „Göttern in weiss", obwohl es begrenzte Menschen sind?

Paulus erwähnt weiter Unzucht. Ich fürchte, dass unserer Gesellschaft das Verständnis für Grenzen im Umgang mit Sexualität bereits zu grossen Teilen abhanden gekommen ist. Man gerät ja bereits in Verdacht, irgendwie verklemmt zu sein, wenn man erklärt, dass es Grenzen im Ausleben von Sexualität gibt. Natürlich können wir uns darüber hinwegsetzen, aber letztlich sind wir selbst und unsere Mitmenschen die Leidtragenden. Was hat das für Konsequenzen, wenn sich immer mehr Frauen als Ware vermarkten (müssen!) und sich die Prostitution verdreifacht hat in unserem Land? Was hat das für Folgen (abgesehen von gesundheitlichen Folgen wie eine starke Zunahme von Geschlechtskrankheiten), wenn immer mehr in den Ferien den Kick in einem sexuellen Abenteuer suchen? Was hat das für Folgen, wenn die Technoszene immer plumper in Richtung Porno abdriftet? Porneia ist übrigens schlicht der griechische Ausdruck für Unzucht. Paulus macht es deutlich – und für die Korinther war das Alltag. Unzucht ist jeden Tag eine Möglichkeit. In meinen bisherigen Predigten war davon die Rede. Nun denkt ihr vielleicht, ich sei unter die Miesmacher von Sex geraten. Gerne würde ich Euch mit einem feurigen Plädoyer vom Gegenteil überzeugen. Aber das ist nicht das Thema der heutigen Predigt. Nur soviel: Sexualität ist eine kostbare, von Gott anvertraute Gabe. Aber wir können Sie – leider – grässlich missbrauchen. Statt Ausdruck von Beziehung, Liebe und Vertrauen zu sein, kann das Ganze zur Technik, zur Ware und zur Ausbeutung degradiert werden. Wir alle sehen es mit eigenen Augen.

Auflehnung gegenüber Gott: da ist diese Geschichte mit der erhöhten Schlange. Natürlich – auch wir schicken uns in der Regel nicht wortlos in Gottes Fügungen und Wege. Manchmal begehren wir auf – machen Gott und anderen Menschen Vorwürfe. Gott erträgt das. Aber hier bei den Israeliten wurde das eine mühsame Masche, die wir in den Mosebüchern teilweise nachvollziehen können. Immer wenn irgendwelche Probleme auftauchten, dann lief die gleiche Leier ab. Vorwürfe an Gott. Vorwürfe an Mose und Aaron. Sofort wurde alles in Frage gestellt.

Paulus will den Christinnen und Christen in Korinth sagen: Das ist Anschauungsunterricht für Euch. Das wurde aufgeschrieben für Euch. Lernt daraus! Trampt nicht in die gleichen Fettnäpfe! Das Gleiche gilt für uns. Bekannt ist das Zitat: Aus der Geschichte können wir lernen, dass der Mensch aus der Geschichte nichts lernt. Paulus hat aber die Hoffnung, dass die Korinther etwas aus diesen Beispielen lernen für ihr Leben, für ihre Lebensführung, für ihren Weg. Dass die Kämpfe und Leiden derer, die vor uns mit Gott unterwegs waren, nicht vergeblich gewesen sind für uns. Paulus will, dass wir daraus lernen. Er bringt nur eine kleine Auswahl aus der Wüstenwanderung. Er hätte auch das Buch Genesis, das erste Buch der Bibel anführen können. Oder das ganze Alte Testament, das manche Christen allzu salopp übergehen. Paulus schärft uns das ein: Hier ist lebendiger Anschauungsunterricht für Euch! Beachtet das! Lernt daraus!

Sind wir denn so ganz anders als die Israeliten, die damals in der Wüste unterwegs waren? Natürlich haben wir mehr Freiheit. Natürlich haben wir andere Kleider, schnellere Fortbewegungsmittel und noch mehr Ablenkungsmöglichkeiten. Aber ich meine: wir sind aus dem gleichen Holz geschnitzt wie die Menschen aus dem Volk Israel auf der Wüstenwanderung. Die Fallstricke sind für uns gar nicht so anders wie für sie damals. Oder haben wir Christen im Westen etwa mit Verehrung von Götzen oder mit Unzucht oder mit Auflehnung gegen Gott wirklich gar nichts am Hut? Schön wärs! Wir sind keineswegs besser und auch nicht in einem Zustand, in dem wir nicht mehr versucht würden …

Trotzdem enden die Ausführungen von Paulus fast unerwartet auf einem positiven Ton. Paulus bringt zwar nochmals eine Warnung – warnt vor

Überheblichkeit und falscher Selbstsicherheit nach dem Motto: Mich geht das gar nichts an. Ich bin da nicht betroffen und schon gar nicht in Gefahr. Die Bibel hat dafür ein unübertreffliches Wort in den Sprüchen aufbewahrt, das sich in unserer Sprache zu Recht als Redewendung festgesetzt hat: *Hochmut kommt vor dem Fall.*

In all diesen Warnungen vor Absturz ist eine tröstliche Botschaft verpackt. Ja, ihr werdet im Leben auf die Probe gestellt. Der Glaube an den gekreuzigten und auferstandenen Jesus dispensiert Euch nicht davon. Die Versuchungen, denen die Israeliten ausgesetzt waren, sind auch heute noch alive and well. Ja, ihr erlebt, dass Euer Glaube, Euer Vertrauen, Eure Lebensführung im Alltag geprüft wird. Aber diese Proben und Prüfungen, denen Ihr begegnet, sind nicht die stärkste Realität. Auch wenn sie Euch übermächtig vorkommen ... Gott setzt ihnen eine Grenze, die sie nicht übertreten dürfen.

Das ist das Tröstliche. Die Versuchungen, Proben und Prüfungen in unserem Leben sind von Gott her so eingegrenzt, dass wir sie bestehen können. Diese Tests müssen zuerst bei ihm vorbei und brauchen sein Okay. Hoffentlich denken wir daran, wenn wir das nächste Mal auf die Probe gestellt werden: *Gott ist treu; er wird nicht zulassen, daß ihr über eure Kraft hinaus versucht werdet. Er wird euch in der Versuchung einen Ausweg schaffen, so daß ihr sie bestehen könnt.*

AMEN!

Ohne Nachforschung

«Alles ist erlaubt» - aber nicht alles nützt. «Alles ist erlaubt» - aber nicht alles baut auf. Denkt dabei nicht an euch selbst, sondern an die anderen. Alles, was auf dem Fleischmarkt verkauft wird, das eßt, ohne aus Gewissenhaftigkeit nachzuforschen. Denn dem Herrn gehört die Erde und was sie erfüllt. Wenn ein Ungläubiger euch einlädt und ihr hingehen möchtet, dann eßt, was euch vorgesetzt wird, ohne aus Gewissensgründen nachzuforschen. Wenn euch aber jemand darauf hinweist: Das ist Opferfleisch!, dann eßt nicht davon, mit Rücksicht auf den, der euch aufmerksam macht, und auf das Gewissen; ich meine das Gewissen des anderen, nicht das eigene; denn: Warum soll meine Freiheit vom Gewissensurteil eines anderen abhängig sein? Wenn ich in Dankbarkeit mitesse, soll ich dann getadelt werden, daß ich etwas esse, wofür ich Dank sage? Ob ihr also eßt oder trinkt oder etwas anderes tut: tut alles zur Verherrlichung Gottes! Gebt weder Juden noch Griechen, noch der Kirche Gottes Anlaß zu einem Vorwurf! Auch ich suche allen in allem entgegenzukommen; ich suche nicht meinen Nutzen, sondern den Nutzen aller, damit sie gerettet werden. Nehmt mich zum Vorbild, wie ich Christus zum Vorbild nehme. (1. Korintherbrief 10,23-11,1)

Liebe Gemeinde,

Kennen Sie auch diese Stimmen, die laut, leise oder still sagen: Alles ist erlaubt! Kennen Sie auch diesen Widerstand, der sich auch dort meldet, wo jemand eine – an sich – einleuchtende Grenze signalisiert? Alles ist erlaubt! Das ist fast wie eine Losung unserer Zeit geworden. Natürlich – wir müssen es zugeben: wir erfreuen uns tatsächlich in unserer westlichen Gesellschaft und in unserem kleinen Land aussergewöhnlicher Freiheiten, wenn man weltweit vergleicht. Das ist schön und darüber freuen wir uns zu Recht.

Aber kippen wir nicht leicht in Übertreibungen? Verwechseln wir nicht allzu leicht Freiheit mit Grenzenlosigkeit? Und – führt uns dieses Alles ist erlaubt nicht auch in Bindungen und Gefangenschaften, die wir erst später bemerken?

Auch in Korinth gab es diese Stimmen, die sagten: Alles ist erlaubt! Das überrascht nicht wirklich, wenn man sich mit der Hafenstadt Korinth, mit ihrem Rotlichtbezirk und mit ihrer Multi-Kulti-Bevölkerung beschäftigt. Dass dies auch auf eine christliche Gemeinde in einer solchen Stadt abfärbt, das liegt auf der Hand. Auch die korinthischen Christen waren Kinder ihrer Zeit – wie wir auch. Ja, gerade auch innerhalb der Gemeinde von Korinth gab es diese Stimmen, die sagen: Alles ist erlaubt!

Immer wieder geht Paulus in seinem Brief auf diese Stimmen ein. Und er sagt dazu nicht einfach ein plumpes Nein. Denn es ist schon etwas Wahres dran, wenn Christinnen und Christen ihre Freiheit beanspruchen und den weiten Raum der Freiheit entdecken, der uns durch Christus aufgeschlossen ist. Gott meint es gut mit uns – und er gesteht uns eine gewaltige Freiheit zu. Aber Paulus wird nicht müde, auch die Grenzen der Freiheit im Glauben zu benennen. Dort, wo der Gebrauch meiner Freiheit Schaden verursacht statt Nutzen zu bringen – dort ist eine Grenze erreicht. Und auch dort, wo der Gebrauch der Freiheit nicht aufbaut sondern abreisst.

Es geht eben nicht nur darum, dass es mir im Ausleben meiner Freiheit gut geht und ich mich daran erfreue. Paulus nimmt auch das Wohl des Nächsten mit im Blick. Ich vermute, dass er es in unserer Zeit nicht viel anders sagen würde.
Wie es schon Petrus in seinem Brief gesagt hat (2. Petrus 3,16), sind die Gedanken des Paulus nicht leicht zu verstehen und zu verdauen. Es ist tröstlich, dass das sogar in der Bibel selbst drin steht. Was bedeutet denn nun dieser Gebrauch der christlichen Freiheit in Liebe? Wo beginnt diese Freiheit und wo hört sie auf?

Paulus wird nun konkret und erläutert diese Leitlinien an einem Beispiel, das alle Christen in der antiken Welt betraf: am Essen von Fleisch. Nun eben. Fleisch war nicht einfach Fleisch. Fleisch kam im Normalfall an einem Tempel vorbei und wurde zunächst einer Gottheit geweiht, bevor es anschliessend auf den Fleischmarkt kam und dann dort verkauft wurde. Ja, es war Fleisch, das den Götzen geopfert wurde! Nun stellt sich natürlich die ganz alltägliche Frage, wie Christinnen und Christen mit dieser Tatsache umgehen sollen. Paulus muss da eine Leitlinie geben. Es ist ein bedrängendes Problem.

In der Mitte seines ersten Briefs an die christliche Gemeinde in Korinth kommt er immer wieder auf diese Problem zurück. Ich meine, dass seine Anweisungen recht einleuchtend sind. Was er für Mitglieder der christlichen Gemeinde klar ablehnt, ist die Teilnahme an einem Opferritual im heidnischen Tempel und das Essen im Rahmen dieses Rituals. Aber sonst ist er erstaunlich frei. Fleischkauf auf dem Markt? Ohne Bedenken! Essen von Fleisch vom Markt? Ohne Bedenken! Essen von Fleisch bei Einladungen bei Nichtchristen? Ohne Bedenken!

Was Paulus ganz deutlich macht: es gibt keinen direkten theologischen Grund, dieses Fleisch nicht zu essen. Alles gehört schliesslich Gott. Wenn ich mit Dankbarkeit gegenüber Gott esse und trinke, dann gibt es keinen Grund zum Tadel. Das liegt genau auf der gleichen Linie wie die Aussagen von Jesus im Markusevangelium. Nichts, was wir essen, macht uns unrein. Das Problematische kommt – leider – aus dem Innern der Menschen heraus und nicht von aussen herein. (Markus 7)

Nun gibt es christliche Leute, die das genaue Gegenteil vertreten – und zwar aus theologischen Gründen. Das klingt dann so: wenn dieses Fleisch (oder was auch immer es ist) den Götzen (oder heute eher: kosmischen Kräften oder was auch immer) geweiht wurde, dann ist für Christen tabu. Hände weg. Es kann nur schaden. Es gefährdet die Beziehung zu Gott.

In den USA fällt es mir immer wieder auf. Dort und auch anderswo gibt es eine starke Fraktion unter Kirchen und Christen, die genau diese Linie fährt. Überall werden schlechte Einflüsse, dämonische Aktivitäten und theologische Abstürze gewittert. Sogar frommen Seelen wie Billy Graham und Bill Bright und anderen wird Verrat am christlichen Gedankengut, Verwässerung des Evangeliums und Kompromisslertum vorgeworfen. Dies, weil sie vielleicht einmal dem Papst die Hand geschüttelt haben oder weil sie innerhalb des christlichen Spektrums mit weiten Toleranzen arbeiten. Es gibt wirklich nichts, was es nicht gibt. Was würde Paulus wohl dazu sagen?

Nun kann es mit gutem Recht sein – und das bestreitet Paulus gar nicht - , dass ein Christ oder eine Christin für sich die Grenze enger stecken muss als es von Gott her möglich ist. Das ist unbestritten und unproblematisch. Aber wenn diese Grenze dann für den Rest der Christenheit als zwingend vertreten wird, dann gibt es happige Probleme.

Und doch gibt es eine Grenze. Paulus benennt sie deutlich. Wenn Du durch Dein Handeln in Freiheit (mit dem Gott eben kein Problem hat!), Deinen Bruder oder Deine Schwester in Probleme bringst, dann ist hier die Grenze erreicht!

Paulus treibt es mit seinem Beispiel richtig auf die Spitze. Er hat diese Einladung bei Nichtchristen vor Augen. Wenn Du also dort die Fleischplatte mit der Aufforderung erhältst, nun zuzugreifen, dann ist das okay und unproblematisch. Der heidnische Gastgeber hat damit ja sowieso kein Problem, sonst würde er es gar nicht servieren! Wenn nun aber neben Dir noch ein lieber Christ sitzt, der nun plötzlich ein Problem bekommt, weil ihn das fast erschlägt, dass er jetzt hier Fleisch essen soll, das den heidnischen Göttern geweiht wurde, dann ist die Grenze erreicht. Obwohl Paulus jetzt selbst die Freiheit hätte, hier kräftig zuzupacken und das in Dankbarkeit gegenüber dem Gott geniessen könnte, der viel mächtiger ist als alle scheinbaren „Götter", verzichtet er darauf, weil er nicht seinen Bruder oder seine Schwester zum Absturz bringen will. Er hat die Freiheit, auf seine Freiheit zu verzichten, weil sie hier nur Schaden anrichtet.

Wir tun gut daran, Paulus hier zu folgen, indem wir festhalten: Wir haben als Christinnen und Christen eine gewaltige Freiheit durch unseren Herrn und Meister, Jesus Christus. Diese Freiheit können, dürfen und sollen wir fröhlich brauchen! Aber wir haben auch die gewaltige Freiheit, diese Freiheit nicht künstlich und stur durchzuziehen – und „über Leichen zu gehen" mit dieser Freiheit. Wir haben die Freiheit, auch auf diese Freiheit zu verzichten, wenn es unserem Nächsten innerhalb oder ausserhalb der christlichen Gemeinde schadet. Wo es die Gemeinschaft unter Christen stört – lieber verzichten. Wo es das Zeugnis des Evangeliums gegen aussen stört – lieber verzichten.

Hätte Paulus nicht eine einfachere Leitlinie geben können? Hier muss man doch einiges in der konkreten Situation überlegen! Paulus hätte es sich einfacher machen können. Eine Anweisung, auf Götzenopferfleisch überall zu jeder Zeit und in jeder Situation zu verzichten, wäre doch viel einfacher und klarer gewesen als alle diese Leitlinien hier – bei denen man so viel überlegen muss? Und doch mutet das Paulus den Christinnen und Christen zu. Paulus hätte es sich und der christlichen Gemeinde einfacher machen können mit einer klaren und einfachen Anweisung: Hände weg! Das hätte in der Konsequenz bedeutet, dass die Christinnen und Christen grossmehrheitlich zum Verzicht auf Fleisch gezwungen gewesen wären. Es war einfach zu viel Fleisch in Umlauf, das zuerst den Göttern geweiht worden war.

Der andere Pol wurde aber sicher auch unter Christen damals vertreten. Nämlich, dass es in jedem Fall unproblematisch ist, diese Fleisch zu konsumieren. Hier würde eben Paulus genauer zurückfragen: Nützt es? Baut es auf? Fördert es die Gemeinschaft? Oder verursacht das Probleme für meinen Nächsten, was ich da tue?

Wir können uns wirklich fragen: Ist nun Paulus eng oder weit? Eng ist er nicht. Aber er ist offensichtlich in der Praxis bereit, enge Christen zu achten und auf sie Rücksicht zu nehmen. Er nennt diese Christen aber – nicht gerade schmeichelhaft – schwache Brüder. Was er aber entschieden ablehnt: er kann für die enge Grenzziehung keine biblisch-theologischen Gründe akzeptieren, die für die ganze Christenheit Geltung beanspruchen dürfen. Es sind persönliche Grenzen einzelner.

Wir sehen also Paulus auf einer Gratwanderung zwischen eng und weit. Er ist weder ganz eng noch ganz weit. Es ist ein Grenzgang, diese Wanderung von Christen zwischen eng und weit. Kennen wir diesen Grenzgang auch? Kennen wir auch ganz enge Christen? Ich erwähne hier nur ganz kurz Diskussionen über Haarlängen, Kleidung und Musikstile, die für Christen angemessen sein sollen. Kennen wir auch ganz weite Christen, für die die christliche Freiheit so weit ist, dass es scheinbar keine Grenzen mehr gibt? Freiheit, die bisweilen so weit führt, dass der christliche Glaube profillos und stumpf wird, wo der Glaube dem Verhalten keinerlei Einschränkungen mehr auferlegen darf! Genau zwischen diesen Polen bewegen wir uns. Es ist und bleibt eben ein Grenzgang – eine Gratwanderung. Wo stehen wir zwischen eng und weit?

Etwas vom Überraschendsten in diesem Abschnitt von Paulus ist diese Aufforderung, auf Nachforschungen zu verzichten.
Forschet nicht nach, auf dass ihr das Gewissen nicht beschweret. (Luther)
Es ist nicht nötig, dass ihr eine Gewissenssache daraus macht und nachforscht, woher das Fleisch kommt. (Gute Nachricht)

Nun ist für Menschen wie mich, die grundsätzlich gerne forschen und nachforschen, nicht ganz einfach, diesen Grundsatz von Paulus zu beherzigen. Wäre es denn nicht manchmal wirklich sinnvoll, da genau nachzuforschen, ob nicht finstere Phänomene im Spiel sind? Nun, das kann uns dann halt dazu führen, dass wir den Musikgenuss von Mozart wegen seinen freimaurerischen Verbindungen ablehnen …

dass wir die Melodien von Luthers Kirchenliedern ablehnen, weil sie Melodien von Trinkliedern übernommen haben, die damals in Beizen und auf bierreichen Festen gesungen wurden …

dass wir die Bücher von Karl Marx nicht ernsthaft lesen und kritisieren können, weil er angeblich mit dem Teufel im Bund war …

dass wir die gesamte Naturheilkunde verdächtigen, weil ein Teil davon tatsächlich und nachweislich mit esoterischem Gedankengut in Verbindung steht …

Doch würde uns Paulus das Hören einer Mozart-CD, das Singen von Luthers Liedern, das kritische Lesen von Karl Marx oder das Auftragen einer fein duftenden – nicht schulmedizinischen – Salbe prinzipiell und kategorisch verbieten?

Wir ahnen, wozu das Nachforschen führt. Es führt zu grösseren Skrupeln, zu viel Ängstlichkeit und weniger Lebensfreude. Ist das Gottes Absicht? Ich vermute, dass das der Grund ist, dass Paulus hier zweimal ausdrücklich empfiehlt, es nicht zu tun! Forschet nicht nach! Übermässige Skrupel können Folge und Nebenwirkung sein.

Wie könnte man die Einstellung, die Haltung von Paulus kurz beschreiben? Ich greife vier Stichworte heraus:

Dankbarkeit: Paulus möchte uns Mut machen, in einer Haltung der Dankbarkeit zu leben, mit Dankbarkeit auch zu essen und zu trinken und unseren Alltagsgeschäften nachzugehen. (Vers 29)

Gottes Ehre: das sagt sich leicht – alles zu Gottes Ehre tun. Das ist eine Lebenseinstellung. Und auch ein ungewohnter Gedanke: Essen und Trinken zu Gottes Ehre? Haben wir das schon versucht? (Vers 31) Johann Sebastian Bach hat versucht, Gott zu ehren mit seiner Gabe, mit seiner Musik, mit seinen Kompositionen. Deshalb schrieb er das für sich und andere aufs Papier: Soli Deo Gloria.

Glaube: der Glaube an den lebendigen Gott weiss, dass alles auf dieser Erde Gott selbst gehört. Das Wort aus Psalm 24,1, auf das sich Paulus hier bezieht, gibt unserem Glauben eine gesunde Weite. Die ganze Welt gehört Gott. Unser ganzes Leben gehört Gott. Auch wenn sich auf allen drei Feldern phasenweise andere Mächte, vielfältige Ersatzgötter und fremde Werte tummeln. Eigentlich gehört alles Gott. (Vers 26)

Freiheit in Liebe: Paulus hat durch den Glauben an Christus eine gewaltige Freiheit erfahren, aber er ist bereit, darauf zu verzichten und Rücksicht zu nehmen. Er gibt damit nicht die Freiheit auf, sondern er gibt der Liebe Raum, damit die Freiheit nicht zerstören, sondern wirklich aufbauen kann. (Vers 33)

Nun beendet Paulus diese Gedanken überraschend mit dem Satz: *Nehmt mich zum Vorbild, wie ich Christus zum Vorbild nehme.*

Mit anderen Worten: Paulus hat diese Freiheit in Liebe nicht selber erfunden. Er hat sie bei Christus gelernt. Wir können ihn (und auch andere) genau so weit zum Vorbild nehmen, wie sie von Christus diese Freiheit in Liebe erfahren, gelernt und übernommen haben. Mögen auch wir in der Nachfolge von Jesus zu Menschen werden, über die man einmal sagen kann: Sie strahlten eine solche Freiheit und Liebe aus. Sie hatten eben Christus zum Vorbild.

AMEN!

Verschiedene Gaben

Auch über die Gaben des Geistes möchte ich euch nicht in Unkenntnis lassen, meine Brüder. Als ihr noch Heiden wart, zog es euch, wie ihr wißt, mit unwiderstehlicher Gewalt zu den stummen Götzen. Darum erkläre ich euch: Keiner, der aus dem Geist Gottes redet, sagt: Jesus sei verflucht! Und keiner kann sagen: Jesus ist der Herr!, wenn er nicht aus dem Heiligen Geist redet. Es gibt verschiedene Gnadengaben, aber nur den einen Geist. Es gibt verschiedene Dienste, aber nur den einen Herrn. Es gibt verschiedene Kräfte, die wirken, aber nur den einen Gott: Er bewirkt alles in allen. Jedem aber wird die Offenbarung des Geistes geschenkt, damit sie anderen nützt. Dem einen wird vom Geist die Gabe geschenkt, Weisheit mitzuteilen, dem andern durch den gleichen Geist die Gabe, Erkenntnis zu vermitteln, dem dritten im gleichen Geist Glaubenskraft, einem andern - immer in dem einen Geist - die Gabe, Krankheiten zu heilen, einem andern Wunderkräfte, einem andern prophetisches Reden, einem andern die Fähigkeit, die Geister zu unterscheiden, wieder einem andern verschiedene Arten von Zungenrede, einem andern schließlich die Gabe, sie zu deuten. Das alles bewirkt ein und derselbe Geist; einem jeden teilt er seine besondere Gabe zu, wie er will. (1. Korintherbrief 12,1-11)

Liebe Gemeinde!

Und wieder holt Paulus die Korinther vom hohen Ross herunter. Diesmal geht es um Geistesgaben, um Gaben also, die der Heilige Geist den Glaubenden schenkt. Paulus erläutert das hier ausführlich. Ganze drei Kapitel im ersten Brief an die Gemeinde in Korinth widmet er diesem Thema – fast einen Fünftel des ganzen Briefes. Man erkennt sofort, dass diese Sache wichtig ist – für die Korinther und für Paulus. Wenn wir uns jedoch einen ersten Überblick verschaffen, was er darüber schreibt, dann sehen wir aber bald, dass er die Akzente anders setzt als die Christen in Korinth und dass er korrigierend eingreifen möchte. Ja, Charismen – Geistesgaben sind ihm wichtig. Aber in die Mitte seiner Ausführungen stellt er das unübertreffliche Kapitel über die Liebe.

Damit sagt er bereits im Aufbau etwas Zentrales: Die Geistesgaben bekommen ihren rechten Platz einzig und allein von der Liebe her. Die Liebe übertrifft alle Geistesgaben. Sie ist die höchste Geistesgabe. Geistesgaben ohne Liebe? Vergesst es! Die Gaben ergeben nur dann einen Sinn, wenn die Liebe zum Zug kommt. Ohne Liebe ist es nur Lärm, Schall und Rauch.

Schon mit seinen ersten Sätzen fährt er ein. Die Christinnen und Christen in Korinth waren stark von einer begeisterten, enthusiastischen Glaubensform bewegt und durchdrungen. In den Zusammenkünften lief etwas, aber die Ordnung kam oft zu kurz. Die Geistesgaben wurden zweifellos ernst genommen – und Paulus kritisiert das nicht! – aber der Akzent lag auf den spektakuläreren Gaben. Er wirbt dafür, die stilleren, leiseren Geistesgaben nicht zu vergessen und nicht gering zu schätzen.

Paulus hat also Christinnen und Christen vor sich, die bereits schon viele Erfahrungen mit den Gaben des Heiligen Geistes gemacht haben in ihrer Gemeinde. Vielleicht haben sie sich – der ganze Brief lässt es erahnen – etwas darauf eingebildet, so geistbegabt zu sein. Und nun sagt ihnen Paulus als erstes zu diesem Thema: *Auch über die Gaben des Geistes möchte ich euch nicht in Unkenntnis lassen …*

Ich sehe sie fast vor mir, diese christliche Gemeinde in Korinth, wie im Gottesdienst dieser Brief von Paulus vorgelesen wird. Sie schrecken bei diesem Satz auf und zucken zusammen – so stelle ich mir das vor. Wie bitte? Unkenntnis? Wir in Unkenntnis? Was bildet sich dieser Paulus eigentlich ein? Bei uns wurde doch Kranke durch Handauflegung geheilt. Unter uns hat es verschiedene Personen, die in Zungen reden können. Wir haben Wunderkräfte erlebt – Dinge, die weit über das Normale hinausgehen. Unter uns gibt es Leute mit einem unheimlich festen und starken Glauben. Und jetzt schreibt uns Paulus, er möchte uns nicht in Unkenntnis lassen. Ist das nicht respektlos und beleidigend?

Nun ja. Paulus geht nicht gerade zimperlich mit den Korinthern um. Aber es ist nötig. Sie haben Rivalitäten unter sich. Sie beneiden einander um geistliche Gaben. Sie haben Spaltungen und Parteien innerhalb der Gemeinde. Alles das ist Paulus ein Dorn im Auge. Er redet und schreibt dagegen: Das passt einfach nicht zueinander! Bringt diese Dinge in Ordnung!

Nach dieser wenig schmeichelhaften Einleitung gibt Paulus das Kriterium an. Nicht alles kommt vom Heiligen Geist. Nein! Aber woran erkennen wir dann, was vom Heiligen Geist kommt und was nicht? Was vom Geist Gottes kommt und was von anderen Geistern stammt? Wie können wir das unterscheiden? Das ist übrigens ein Frage, die sich heute mit gleicher Dringlichkeit stellt. Wann ist der Heilige Geist wirklich im Spiel?

Paulus nimmt dazu eindeutig Stellung. Der Heilige Geist ist da im Spiel, wo das Bekenntnis zu Jesus, dem Gekreuzigten und Auferstandenen, da ist. Er führt die einfachste, damals gängige Form an: Jesus ist Herr. Auf Deutsch klingt das kurz und undramatisch. Auf Griechisch hat es aber einen anderen Klang: Jesus ist Kyrios. Das war der Titel, den der römische Kaiser zu dieser Zeit führte. Eine ungeheure Provokation also, wenn die Christen sagten und bekannten: Jesus ist Kyrios. Und es war auch nicht ungefährlich, so etwas zu sagen. Paulus schreibt nun: Es ist nur möglich, dies zu sagen und zu bekennen, aus dem Heiligen Geist heraus. Wer so redet und bekennt, in dem wohnt der Geist Gottes.

Auf der anderen Seite: Wer Jesus verflucht, wer seinen Namen verachtet und gering schätzt, kann nicht beanspruchen, dass Gottes Geist in ihm wohnt, durch ihn wirkt und aus ihm redet. Mit anderen Worten: Gottes Geist, der Heilige Geist führt Männer und Frauen dahin, dass sie Jesus als Herrn und Meister, als Befreier und Erlöser erkennen und bekennen. Ihm nachfolgen und sich zu ihm stellen. Theologisch gesprochen: Geistbesitz und Jesusbekenntnis gehören untrennbar zusammen.

In den Versen 4-6 bringt Paulus hintereinander drei parallel aufgebaute Sätze. Schnell und zu Recht denkt man an die Dreifaltigkeit Gottes: Ein Geist, ein Herr, ein Gott. Was in diesen Sätzen aber meist übersehen wird, ist die Abfolge: Gaben – Dienste – Kräfte.

Paulus entfaltet durch diese drei parallelen Formulierungen die Geistesgaben. Wir können folgendes daraus entnehmen:

Geistesgaben sind Gnadengaben. Sie sind ein Geschenk Gottes, etwas, das er aus Gnade einem Christen, einer Christin anvertraut. Sie sind deshalb ein Hinweis auf Gott. Denken wir auch so über Geistesgaben? Bewundern wir den Träger? Oder loben wir Gott dafür? In diesen Gaben kommt Gottes Gnade zum Ausdruck!

Geistesgaben äussern sich im Dienen. Sie zielen auf einen konkreten Dienst. Sie sind nicht Selbstzweck. Sie sind Gabe zur Aufgabe! Sie sind Geschenke, die zum Weiterschenken treiben. Das sollen wir im Auge behalten. Was nützt es, eine Geistesgabe zu behaupten, aber nicht danach zu leben? Nichts! Paulus zieht das pickelhart durch. Die Manifestationen des Geistes Gottes in den einzelnen Christen zielen darauf, anderen zu nützen. Selbstverwirklichung ist nicht im Blick.

Geistesgaben zeigen Folgen. Sie sind wirksam. Sie kommen an. Das ist ein kritischer Punkt. Ich bin sehr dafür, Gaben zu entdecken. Aber ich bin auch sehr für Ehrlichkeit. Es macht keinen Sinn, auf Dauer von einer Geistesgabe zu reden, wenn sich die Wirkung einfach nicht einstellt. Man könnte das ganz einfach an den neun Geistesgaben aufzeigen, die Paulus anschliessend aufführt. Die Gabe der Krankenheilung macht nur Sinn, wenn Kranke tatsächlich geheilt werden. Was würde es nützen, wenn jemand in der christlichen Gemeinde behauptet, diese Gabe zu haben, aber nie jemand gesund wird, wenn diese Person die Hände auflegt und betet? Die Gabe, Erkenntnis zu vermitteln, ist nur da vorhanden, wo Menschen auch in der Erkenntnis tatsächlich wachsen. Und so weiter.

Die Lehre von den Geistesgaben ist nicht einfach schönes Geschwafel. Diese Lehre zielt auf den Kern dessen, was die christliche Gemeinde im Innersten ausmacht. In der christlichen Gemeinde gibt es verschiedene Gaben, verschiedene Dienste und verschiedene Wirkungen. Gott hat sich entschlossen, allen Christinnen und Christen den Heiligen Geist zu schenken, aber er hat sich auch entschlossen, nicht alle über den gleichen Kamm zu scheren. Er hat sich entschlossen, keinen Einheitstypus von Glaubenden zu schaffen. Er hat absichtlich eine christliche Gemeinde begründet, die aus vielfältigen Menschen besteht, die gemeinsam bekennen: Jesus ist Herr. Eine bunte Gemeinde also!

Wie viel einfacher wäre es doch, wenn Gott das anders eingefädelt hätte. Wenn wir uns doch ähnlicher wären in unseren Gaben und Diensten. Würden wir uns dann nicht besser verstehen? Aber Gott hat seine Gemeinde so eingerichtet, dass jedes Mitglied auf die anderen angewiesen. Wir sind auf Ergänzung angelegt. Wir brauchen einander. Wir sind keine Solisten.

Stellen sie sich ein Orchester vor, in dem alle solistisch spielen wollen! Stellen sie sich eine Fussballmannschaft vor, in der alle nur aufs Tor stürmen wollen. Stellen sie sich eine Feuerwehr vor, bei der alle nur spritzen wollen, aber keiner die Leitern richten will. Stellen sie sich eine Gemeindeverwaltung, auf der alle nur am Schalter bedienen wollen. Wir wissen es: So geht es nicht! Auch in der christlichen Gemeinde ist es nicht anders. Auch hier leben wir vom Zusammenspiel der verschiedenen Gaben.

Doch in der Kirchengeschichte ging es genau da immer wieder schief. Diejenigen mit den gut sichtbaren, mit den eher spektakulären, mit den öffentlich eingesetzten Gaben wurden plötzlich auf dem Sockel gestellt. Doch Jesus und Paulus haben das nicht beabsichtigt. Jede Christin, jeder Christ hat seine eigene Würde. Jeder, der Jesus als Herr bekennt, hat den Geist Gottes.

Jedes Glied der Gemeinde, in dem Gottes Geist wohnt, hat eine Gabe, eine Geistesgabe erhalten – jedes. Und diese Gabe zielt auf einen konkreten Einsatz und Dienst. Die Gabe wird zur Aufgabe, zum Dienst, der anderen nützt. Diese Gabe will durch Dich und mich eine Wirkung erzielen, die hilft oder ermutigt oder aufrichtet oder aufdeckt … Das ist der Sinn der Geistesgaben. So sind wir alle gefragt: Lebst Du die Gabe aus, die Gottes Geist Dir zugeteilt hat?

Paulus zählt hier neun Geistesgaben auf:
Weisheit: gemeint ist praktische christliche Lebenshilfe, die angewendet werden kann
Erkenntnis: gemeint ist die Vermittlung von Prinzipien und Leitlinien, die vom Evangelium her kommen
Glaube: gemeint ist ein Glaube, der ausserordentlich stark und robust ist und von Gott Dinge erwartet, vor denen andere zurückschrecken
Krankenheilung: gemeint ist die Heilung von Kranken unter Gebet und Handauflegung (könnte man heute auch medizinische Hilfestellung dazu zählen?)
Wunderkräfte: gemeint sind wundersame Vorfälle, wie sie sich zur Zeit der Apostelgeschichte und danach in der Kirchengeschichte und auf vielen Missionsfelder ereigneten
Prophetisches Reden: gemeint ist die Begabung, treffend in eine bestimmte Situation hinein zu reden, so dass es aufdeckt und erhellt – kann (aber muss nicht) zukünftige Dinge betreffen
Geisterunterscheidung: gemeint ist die Befähigung, den Ursprung von Wirkungen zu unterscheiden
Zungenreden: gemeint ist das Reden in einer Sprache, die der Begabte nie gelernt hat
Interpretation von Zungenreden: gemeint ist die Fähigkeit, das entsprechende Reden zu interpretieren, so dass die Gemeinde einen Nutzen davon hat, was Paulus in Versammlungen als zwingend erachtet (vgl 1. Kor 14)

Immer wieder wird gefragt, wie viele solche Geistesgaben es überhaupt gibt. Sind es diese neun, die hier aufgezählt werden? Oder sind es 15? 20? 25? 30? In aller Regel kommt man durch die Zusammenstellung der relevanten Bibelstellen auf 20-30 Gaben. Sie variieren leicht bis heftig. Weshalb? Weil eben schon Paulus verschiedene Aufzählungen überliefert hat. Schon am Ende des gleichen Kapitels bringt er über die neun ausgeführten noch weitere Geistesgaben ins Spiel, darunter zwei, die ganz unspektakulär tönen: Hilfsbereitschaft und Verwaltung. Welche christliche Gemeinde könnte ohne diese zwei auskommen?

An drei Stellen hat Paulus solche Listen von Geistesgaben überliefert:
1. Korinther 12
Römer 12 (dort beispielsweise mit den Gaben Ermutigung und Leitung)
Epheser 4 (dort finden wir den sogenannten fünffältigen Dienst: Apostel, Propheten, Evangelisten, Hirten, Lehrer)

Nach meinem Urteil lassen sich die Geistesgaben nicht zahlenmässig beschränken. Gottes Geist ist fantasievoll und kreativ. Wahrscheinlich haben wir die wichtigen und häufigen in den Zusammenstellungen von Paulus. Wichtiger als die Gaben und Aufzählungen ist der Dienst, ist die Wirkung, die der lebendige Gott mit dieser Gabe erzielen möchte – und der Geber der Gabe selbst!

Und die Pfarrerin – der Pfarrer? Richtig, in unserem Text steht nichts von einer Pfarrerin oder einem Pfarrer. Übrigens steht ja nirgends in der Bibel etwas vom Pfarramt, so wie wir es heute kennen. Das ist eine kulturelle Institution, über Jahrhunderte gewachsen und in unterschiedlichen Kulturen auch sehr unterschiedlich ausgeprägt.

Wo und wie spielt nun die Pfarrerin oder der Pfarrer in unseren Breitengraden mit, wenn wir das ernst nehmen, was Paulus hier sagt? Soviel ist klar: Auch wir Pfarrpersonen sind auf Ergänzung angewiesen. Auch wir brauchen den Lebenszusammenhang einer christlichen Gemeinde. Wir haben nicht alle nötigen Geistesgaben, die es für eine Gemeinde braucht. Unsere Gaben sind nicht wichtiger oder unwichtiger als andere. Auch wir sollen die Gaben dankbar annehmen, die Gott uns gibt, und sie zum Wohl der Gemeinde einsetzen. Eine Pfarrerin, ein Pfarrer ist keine eierlegende Wollmilchsau. Auch wenn er oder sie dies in der Erwartung einer Gemeinde bisweilen sein sollte! Das, was Paulus hier sagt, ist ein Befreiungsschlag. Auch wir Pfarrerinnen und Pfarrer – wie alle anderen Christen und Christinnen auch – müssen nicht alles gleichzeitig sein und können. Gott sei Dank!

Nehmen wir beispielsweise den fünffältigen Dienst von Epheser Kapitel 4. Paulus redet von Aposteln, Propheten, Evangelisten, Hirten und Lehrern. Er meint damit verschiedene Personen, nicht etwa eine Person, die gerade alle fünf abdeckt. Nach meiner Überzeugung war Jesus die einzige Person in der Geschichte, die alle fünf abdecken konnte. Es wäre nun hochinteressant, wo sie mich, meinen Pfarrkollegen und andere Pfarrerinnen und Pfarrer in unserer Umgebung ansiedeln würden innerhalb dieser fünf Dienste. Da hätten wir Gesprächsstoff bis in die Nachtstunden hinein. Was ist beispielsweise, wenn eine Pfarrerin ein Pfarrer mit ihren Geistesgaben im Bereich Evangelist-Lehrer liegt, die Gemeinde aber viel lieber den besorgten Hirten möchte? Oder sie hat einen prophetisch begabten Amtsträger (was ehrlich gesagt nicht so leicht zu ertragen ist …). Wird sie danach nicht eher nach einem Hirten Ausschau halten als nach einem weiteren Propheten?

Was Paulus sagt, gilt auch für die kulturell gewachsene Form des Pfarramts. Nicht einer oder eine kann alle Geistesgaben in ihrer Person vereinen. Aber alle Christinnen und Christen haben mindestens eine Gabe von Gott erhalten, die sie einbringen sollen.

Gottes Geist teilt souverän die Gaben zu. Das will uns Paulus mitgeben. Nicht du wählst die Geistesgabe. Nicht du teilst Dir die Geistesgabe zu. Gott selbst ist es, der durch seinen Geist die Zuteilung vornimmt. Zum Glück. Dadurch werden

Rivalität und Neid überflüssig. Wahrscheinlich kommt es sowieso besser heraus, wenn der lebendige Gott die Zuteilung vornimmt.

Darum, liebe Gemeinde, lasst uns dankbar sein für die Geistesgaben, die wir als Einzelne und auch als Gemeinde erhalten haben. Lasst uns achten auf das, wofür die Gaben da sind, wie es Paulus sagt: *Doch an jedem und jeder in der Gemeinde zeigt der Heilige Geist seine Wirkung in der Weise und mit dem Ziel, dass alle etwas davon haben.* (Vers 7 Gute Nachricht) Lasst uns wegschauen von dem, was (angeblich) fehlt, denn es wird wahrscheinlich immer etwas fehlen ... Lasst uns hinschauen auf den, der in seiner Weisheit die Gaben zuteilt: Auf den lebendigen Gott selbst.

AMEN!

Was nützt es euch?

Jagt der Liebe nach! Strebt aber auch nach den Geistesgaben, vor allem nach der prophetischen Rede! Denn wer in Zungen redet, redet nicht zu Menschen, sondern zu Gott; keiner versteht ihn: Im Geist redet er geheimnisvolle Dinge. Wer aber prophetisch redet, redet zu Menschen: Er baut auf, ermutigt, spendet Trost. Wer in Zungen redet, erbaut sich selbst; wer aber prophetisch redet, baut die Gemeinde auf. Ich wünschte, ihr alle würdet in Zungen reden, weit mehr aber, ihr würdet prophetisch reden. Der Prophet steht höher als der, der in Zungen redet, es sei denn, dieser legt sein Reden aus; dann baut auch er die Gemeinde auf. Was nützt es euch, Brüder, wenn ich komme und in Zungen vor euch rede, euch aber keine Offenbarung, keine Erkenntnis, keine Weissagung, keine Lehre bringe? Wenn leblose Musikinstrumente, eine Flöte oder eine Harfe, nicht deutlich unterschiedene Töne hervorbringen, wie soll man dann erkennen, was auf der Flöte oder auf der Harfe gespielt wird? Und wenn die Trompete unklare Töne hervorbringt, wer wird dann zu den Waffen greifen? So ist es auch mit euch, wenn ihr in Zungen redet, aber kein verständliches Wort hervorbringt. Wer soll dann das Gesprochene verstehen? Ihr redet nur in den Wind. Es gibt wer weiß wie viele Sprachen in der Welt, und nichts ist ohne Sprache. Wenn ich nun den Sinn der Laute nicht kenne, bin ich für den Sprecher ein Fremder, wie der Sprecher für mich. So ist es auch mit euch. Da ihr nach Geistesgaben strebt, gebt euch Mühe, daß ihr damit vor allem zum Aufbau der Gemeinde beitragt. Deswegen soll einer, der in Zungen redet, darum beten, daß er es auch auslegen kann. Denn wenn ich nur in Zungen bete, betet zwar mein Geist, aber mein Verstand bleibt unfruchtbar. Was folgt daraus? Ich will nicht nur im Geist beten, sondern auch mit dem Verstand. Ich will nicht nur im Geist Gott preisen, sondern auch mit dem Verstand. Wenn du nur im Geist den Lobpreis sprichst und ein Unkundiger anwesend ist, so kann er zu deinem Dankgebet das Amen nicht sagen; denn er versteht nicht, was du sagst. Dein Dankgebet mag noch so gut sein, der andere hat keinen Nutzen davon. Ich danke Gott, daß ich mehr als ihr alle in Zungen rede. Doch vor der Gemeinde will ich lieber fünf Worte mit Verstand reden, um auch andere zu unterweisen, als zehntausend Worte in Zungen stammeln. Seid doch nicht Kinder an Einsicht, Brüder! Seid Unmündige an Bosheit, an Einsicht aber seid reife Menschen! Im Gesetz steht: Durch Leute, die anders und in anderen Sprachen reden, werde ich zu diesem Volk sprechen; aber auch so werden sie nicht auf mich hören, spricht der Herr. So ist Zungenreden ein Zeichen nicht für die Gläubigen, sondern für die Ungläubigen, prophetisches Reden aber ein Zeichen nicht für die Ungläubigen, sondern für die Glaubenden. Wenn also die ganze Gemeinde sich versammelt und alle in Zungen reden, und es kommen Unkundige oder Ungläubige hinzu, werden sie dann nicht sagen: Ihr seid verrückt! Wenn aber alle prophetisch reden und ein Ungläubiger oder Unkundiger kommt herein, dann wird ihm von allen ins Gewissen geredet, und er fühlt sich von allen ins Verhör genommen; was in seinem Herzen verborgen ist, wird aufgedeckt. Und so wird er sich niederwerfen, Gott anbeten und ausrufen: Wahrhaftig, Gott ist bei euch! (1. Korintherbrief 14,1-25)

Liebe Gemeinde!

Ist Paulus gegen Geistesgaben eingestellt? Wertet er hier das Zungenreden ab? Und hat er sich nicht auch über prophetisches Reden im vorhergehenden Kapitel kritisch geäussert?

Wir haben wieder ein reichhaltiges Menü von Paulus vor uns. Aber Vorsicht! Er hat bereits zwei Gänge serviert. Der erste Gang kam im Kapitel 12, wo Paulus das Bild des menschlichen Körpers braucht, um zu zeigen, dass alle Glieder der christlichen Gemeinde zusammengehören, dass aber die einzelnen Glieder unterschiedliche Funktionen, Geistesgaben und Aufgaben haben. Der zweite Gang – das ist das „Hohelied der Liebe“. In Kapitel 13 des ersten Korintherbriefes schildert Paulus, dass Geistesgaben sinnlos und wertlos sind, wenn nicht die Liebe alles erfüllt und treibt. Paulus erwähnt als Beispiele Zungenreden, Prophetie, Bereitschaft zum Martyrium und Glauben, der Berge versetzt. Doch er sagt radikal: Ohne die Liebe ist das alles nichts. Lärm, Schall und Rauch.

Und nun bringt Paulus das zusammen! Es geht ihm nicht darum, Liebe und Geistesgaben gegeneinander auszuspielen! Auf gar keinen Fall! Sicher: Die Liebe ist grundlegend. Grundlegend für unser Leben überhaupt. Grundlegend für jede Art von Gemeinschaft, die mehr als Zweckgemeinschaft sein will. Grundlegend und unverzichtbar für jede christliche Gemeinde, die sich von Jesus - seinem Leben und Sterben und Auferstehen her begreift.

Der erste Aufsteller im Kapitel 14 des ersten Korintherbriefs ist der erste Vers. Paulus bringt diese Liebe, diese gewaltige göttliche Liebe und diese verschiedenartigen Gaben des Heiligen Geistes, die er den Glaubenden schenkt, zusammen! Hören wir das?

Wenn das nur in der Christenheit auch so wäre! Wenn das unter uns auch so radikal zusammenkäme wie hier bei Paulus! Es ist ja schon eigenartig. Man redet heute im christlichen Jargon von Charismatikern und meint damit seltsamer nicht alle Christinnen und Christen, sondern nur einen Teil davon. Als ob der Heilige Geist und die Gaben des Geistes nur einem Teil der Christenheit gehören würde. Das kann gar nicht sein. Paulus würde uns dazu eine flammende Standpauke halten. Der Heilige Geist ist Gottes Geschenk an alle, die Jesus als Herrn bekennen. So stellt es Paulus bereits früher in seinem Brief klar.

Sicher: Paulus korrigiert in manchem die korinthischen Christen in seinem Brief. Aber er spricht sich an keiner Stelle gegen die Geistesgaben, gegen die Charismen aus. Jeder Christ, jede Christin, die Jesus als Herr bekennt, ist für Paulus charismatisch, geistbegabt. Er kennt keine Ausnahme zu dieser Regel. Er spricht in seinem Brief Übertreibungen an, er greift ordnend in die Versammlungen ein, weil das nötig war, weil da manches zu chaotisch wurde. Aber er ist auf keinen Fall gegen Geistesgaben.

Paulus leitet hier an zum Gebrauch der Charismen, der Gaben, die der Heilige Geist unter uns Christen verteilt hat. Ich fasse das in drei Sätzen zusammen:

Achtet auf die LIEBE! Die Liebe des Schöpfers, der unsere Welt so phantasievoll ausgestattet hat. Die Liebe des Sohnes, die den radikalen Weg ans Kreuz geht. Die Liebe Gottes, die durch den Heiligen Geist in unsere Herzen ausgegossen ist. Diese Liebe soll in unserem Leben, in unserem Reden und Schweigen, in unserem Tun und Lassen, in unseren Freuden und Schmerzen zum Tragen kommen, uns bestimmen und prägen. Paulus sagt es deutlich: Strebt nach dieser Liebe! Sucht sie! Trachtet nach ihr! Gebt ihr Raum! Folgt der Spur dieser göttlichen Liebe! Und unmittelbar im nächsten Satz macht er Mut, nach diesen Geistesgaben Ausschau zu halten und sie zu praktizieren. Ja, wir sollen sie praktizieren – in Liebe. Paulus gibt in diesem Kapitel Anleitung dazu, wie diese Geistesgaben eingesetzt werden sollen und worauf wir achten sollen.

Achtet auf die GEMEINSCHAFT! Geistesgaben haben die Gemeinschaft und den Nutzen der Gemeinschaft im Blick. Die Anderen sollen in erster Linie davon profitieren! Die Gemeinschaft der christlichen Gemeinde soll gefördert und aufgebaut werden. Geistesgaben haben hier ihren Platz. Paulus wird nicht müde, das in diesem Kapitel x-mal zu wiederholen: Liebe Christen, es geht um Gemeinschaft, um die christliche Gemeinde. Es geht nicht in erste Linie um euer persönliches Wohlergehen, sondern um das Wohlergehen der Gemeinde! Ohne Zweifel eine unbequeme Botschaft, die man gerade in unserer Zeit mit aller Deutlichkeit wiederholen muss. Man kann das an vielen Beispielen zeigen, was Paulus damit meint. Nur ein Beispiel aus diesem Kapitel soll genügen. Was soll die prophetische Rede bewirken? Sie soll stärken, ermutigen und trösten! Und wer von uns könnte darauf verzichten? Wo das geschieht, da wird die Gemeinschaft aufgebaut. Natürlich trifft die Botschaft immer auch Einzelne, aber eben so, dass die Gemeinschaft der christlichen Gemeinde aufgebaut wird.

Achtet auf die VERSTÄNDLICHKEIT! Auf diesem Punkt beharrt Paulus fast penetrant. Seine Grundbotschaft lautet: Liebe Gemeinde in Korinth – was ihr sagt und tut – gerade auch in euren Versammlungen, das muss verständlich sein. *Doch vor der Gemeinde will ich lieber fünf Worte mit Verstand reden, um auch andere zu unterweisen, als zehntausend Worte in Zungen stammeln.* Man muss das in Ruhe auf sich wirken lassen. 5 verständliche Worte – 10'000 unverständliche Worte. Da liegt ein Faktor 2'000 dazwischen. Verständliches Reden in einer christlichen Versammlung ist zweitausendmal wichtiger und wertvoller als unverständliches Reden. Paulus redet hier von einer Zusammenkunft der Gemeinde in Korinth und ausdrücklich nicht von privatem Gebet im stillen Kämmerlein. In Versammlungen der christlichen Gemeinden müsst ihr euch ernsthaft um verständliche Worte bemühen. Und zwar jeder, der aufsteht und redet. Redet bitte verständlich!

Liebe Gemeinde!

An dieser Stelle muss ich inne halten. Reden wir hier in unserer Kirche verständlich? Rede ich – redet mein Pfarrkollege – in unseren Zusammenkünften verständlich? Das müssen wir uns immer wieder ernstlich fragen. Und: Reden wir als Mitarbeitende und Gottesdienstbeteiligte dieser Kirchgemeinde verständlich über den Glauben, von Gott und vom Evangelium? Das sind ernst gemeinte Fragen. Wir müssen sie ernsthaft stellen, wenn wir dem auf die Spur kommen wollen, was Gottes Geist uns hier durch die Worte von Paulus mitteilen will.

Ich muss es an dieser Stelle offen bekennen: Vieles, was im christlichen „Kuchen“ gesagt und geschrieben wird, lässt mich unsicher zurück, ob das auch für die Menschen in unseren Fabriken, Handwerksbetrieben, Bauernhöfen, Schulen und Nachbarschaften verständlich ist. Manches christliche Buch, manche theologische Abhandlung, mancher Erlebnisbericht liess mich in den vergangenen zwanzig Jahren ratlos zurück mit der Frage: Was wollte der Betreffende eigentlich mitteilen? Ist es ihnen auch schon so ergangen? Ist es ihnen auch schon so ergangen bei einer Predigt von mir?

Nun weiss ich selbst mit meinem Kollegen und den Mitgliedern unserer Kirchenpflege und mit viele Ehrenamtlichen in unserer Kirchgemeinde und darüber hinaus: Es ist gar nicht so einfach, einfach zu reden! Aber wir müssen uns darum bemühen! Wegen den Menschen, denen das Evangelium gilt! Wir müssen darum ringen, ihnen das Evangelium in verständlichen Worten zu sagen!

Verständlich reden von Gott, von Jesus, vom Evangelium, von der Bibel, vom christlichen Glauben. Ein schwarzer Verkündiger würde wahrscheinlich sagen: Im Kirchenchor ... Bemüht Euch um Verständlichkeit! Im Glaubenskurs ... Bemüht Euch um Verständlichkeit! In allen Gottesdiensten unterschiedlicher Schattierung ... Bemüht Euch um Verständlichkeit! Im Amtsanzeiger auf der Kirchenseite ... Bemüht Euch um Verständlichkeit! Bei der Geburtstagsfeier des Nachbarn ... Bemüht Euch um Verständlichkeit! Im Jugendlager und beim Seniorenbibelnachmittag ... Bemüht Euch um Verständlichkeit! In allen Euren Zusammenkünften ... Bemüht Euch um Verständlichkeit!

An dieser Stelle möchte ich ein kleines Buch erwähnen, das heute leider in Vergessenheit gerät. Es trägt den kurzen Titel *Unser Glaube* und wurde verfasst von Emil Brunner. Vielleicht sagt ihnen das nicht viel. Emil Brunner war neben Karl Barth der bekannteste evangelische Schweizer Theologe, ja überhaupt einer der bekanntesten Theologen des 20. Jahrhunderts. Über manches, was er geschrieben hat, könnte man lange diskutieren. Aber eines muss man ihm lassen. Er hat sich intensiv um Verständlichkeit bemüht. Er hat darum gerungen, Menschen seiner Generation mit einfachen Worten und Bildern den christlichen Glauben darzulegen. Obwohl es bereits über 60 Jahre alt ist, ist dieses dünne Büchlein trotz seiner inzwischen ins Alter gekommenen Sprache und Bildwelt auch heute erhellende Lektüre, besonders dann, wenn man nach einer kurzen überschaubaren Zusammenfassung und Darlegung des christlichen Glaubens Ausschau hält. Und ich habe mich schon öfter gefragt, wer ein solches Büchlein mit der gleichen Flughöhe an Verständlichkeit für unsere Gegenwart schreibt.

Zurück zu Paulus. Er schildert den Unterschied zwischen prophetischem Reden und Zungenreden an einem anschaulichen Beispiel in den letzten drei Versen dieses Abschnitts. Ein Unkundiger gerät in eine christliche Versammlung.

Variante 1: Man stelle sich vor, dort reden alle in Zungen. Das heisst: Sie beten zu Gott in Sprachen, die sie nicht in der Schule oder in Kursen erlernt haben. Sie haben eine solche Sprache von Gott geschenkt erhalten (man könnte echt neidisch werden …) und diese Sprache dient der Kommunikation mit Gott. Das ist nichts zum Verspotten und nichts zum Belächeln. Es gibt Christinnen und Christen, die ein solches Geschenk von Gott erhalten haben – und viele von ihnen sagen, dass diese Gabe ihnen beim Beten hilft. Genau das bestätigt Paulus hier auch. Aber angenommen, ein ganzer Saal voll Leuten betet jetzt in Zungen und ein Unkundiger gerät da hinein … Was passiert? Er oder sie kommt sich mit grösster Wahrscheinlichkeit vor wie im falschen Film, denn man versteht ja kein Wort in der eigenen Sprache. Man staunt einfach als Besucher, aber man hat nichts davon.

Variante 2: In der christlichen Gemeinde wird prophetisch geredet. Paulus überspitzt es bewusst und redet sogar davon, dass alle dort prophetisch reden. Angenommen, das wäre so. Und jetzt kommt unsere imaginäre Person zum zweiten Mal auf Besuch. Sie hört prophetisches Reden in ihrer Sprache, die sie versteht. Paulus meint hier nicht einfach ein prophetisches Reden, das Ereignisse in der Zukunft ankündigt. Vielmehr geht es um ein Reden von Gott und vom Glauben und vom Gekreuzigten und Auferstandenen, das Menschen trifft, packt, ergreift, bewegt, umkrempelt. Plötzlich stellt der Besucher oder die Besucherin fest: Das, was hier verhandelt wird, das hat mit mir zu tun! Dieses Problem, das der Redner anspricht, ist mein Problem! Meine inneren Widersprüche zum Glauben, sie sind am Schmelzen, seit ich in dieser Zusammenkunft bin. Sünde ist nicht einfach eine dunkle Theorie, sondern Wirklichkeit meines eigenen Herzens, die aufgedeckt wird. Die Notwendigkeit einer Befreiung durch den lebendigen Gott wird deutlich. Ich finde mich in dem, was gesagt wird. – Und so begegnet dieser Mensch dem lebendigen Gott inmitten einer christlichen Versammlung, beginnt Gott zu vertrauen, verlässt die Versammlung und bringt Dinge in Ordnung, die jahrelang blockiert haben …

Geschieht das auch bei uns? In unserer Kirche? In unseren Gottesdiensten? In unseren Zusammenkünften? Wo das geschieht, da sollen wir uns freuen, wirklich freuen. Aber das ist das Wirken von Gottes Geist. Das ist nicht einer bestimmten Gottesdienstform, einem Stil von Liedern oder der Ausbildung des Verkündigers zuzuschreiben. Wo das geschieht, ist es ein Zeichen, dass Gott unter uns lebt. Und ich sage das als einer, der oft redet in christlichen Versammlungen und oft ringt um Verständlichkeit: Wo das geschieht, da ist es eine Gnade Gottes, ein unverdientes Geschenk. Möge es unter uns geschehen.

AMEN!

Der Grund, auf dem ihr steht

Ich erinnere euch, Brüder, an das Evangelium, das ich euch verkündet habe. Ihr habt es angenommen; es ist der Grund, auf dem ihr steht. Durch dieses Evangelium werdet ihr gerettet, wenn ihr an dem Wortlaut festhaltet, den ich euch verkündet habe. Oder habt ihr den Glauben vielleicht unüberlegt angenommen? Denn vor allem habe ich euch überliefert, was auch ich empfangen habe: Christus ist für unsere Sünden gestorben, gemäß der Schrift, und ist begraben worden. Er ist am dritten Tag auferweckt worden, gemäß der Schrift, und erschien dem Kephas, dann den Zwölf. Danach erschien er mehr als fünfhundert Brüdern zugleich; die meisten von ihnen sind noch am Leben, einige sind entschlafen. Danach erschien er dem Jakobus, dann allen Aposteln. Als letztem von allen erschien er auch mir, dem Unerwarteten, der «Mißgeburt». Denn ich bin der geringste von den Aposteln; ich bin nicht wert, Apostel genannt zu werden, weil ich die Kirche Gottes verfolgt habe. Doch durch Gottes Gnade bin ich, was ich bin, und sein gnädiges Handeln an mir ist nicht ohne Wirkung geblieben. Mehr als sie alle habe ich mich abgemüht - nicht ich, sondern die Gnade Gottes zusammen mit mir. Ob nun ich verkündige oder die anderen: das ist unsere Botschaft, und das ist der Glaube, den ihr angenommen habt. (1. Korintherbrief 15,1-11)

Liebe Gemeinde,

worum geht es beim Christsein? Es geht um das Evangelium, was übersetzt die gute Nachricht bedeutet. Das Evangelium ist das, was der Apostel Paulus und die anderen christlichen Prediger verkündigen. Das Evangelium ist das, was die Christinnen und Christen in Korinth und anderswo angenommen haben. Das Evangelium ist der Boden, der uns Halt gibt. Das Evangelium ist wie das rettende Schiff für Schiffbrüchige, ist Hoffnung für Verzweifelte, ist Kraft für Schwache, Chance für Abgeschriebene.

Das Evangelium empfangen wir nicht, um es zu behalten, sondern um es weiterzugeben. Es ist uns gegeben, damit es in uns und durch uns wirkt – und von uns aus weitergeht. Wenn wir vom Evangelium berührt und ergriffen werden, so sollen wir nicht zum Tümpel, sondern zum römischen Brunnen werden, wo das Wasser sprudelt und überfliesst. Kein Wunder, sagt es Jesus so: *Wer an mich glaubt, wie die Schrift sagt, von des Leibe werden Ströme lebendigen Wassers fliessen.* (Joh 7,38 nach Luther)

Das Evangelium ist nicht auf unserem Mist gewachsen! Es ist nicht unsere Erfindung. Es ist keine Botschaft, über die wir verfügen, sondern es ist eine Botschaft, die uns anvertraut ist. Deshalb steht es uns auch nicht frei, sie nach unserem Geschmack und Belieben zu formen und zu verformen. Nein!

Wenn das Evangelium unser Leben ergreift und prägt, dann wird es durch unser Leben strahlen. Wir geben es weiter und es ist zentral und wichtig, dass wir diese Botschaft unverfälscht und präzis weitergeben. Paulus erfindet kein neues und exotisches Evangelium. Er gibt das Evangelium so weiter, wie es ihm anvertraut wurde.

Der Kern des Evangeliums

Doch: was ist das Evangelium? Oder anders gefragt: was ist der Kern des Evangeliums? Paulus fasst das zusammen in einer Art Formel, die das Evangelium auf den Punkt bringt: *Christus ist für unsere Sünden gestorben, gemäß der Schrift, und ist begraben worden. Er ist am dritten Tag auferweckt worden, gemäß der Schrift.* (Verse 3-4)

Gestorben – begraben – auferweckt. Mit anderen Worten: wenn wir nach dem Kern der christlichen Botschaft, nach dem Kern des Evangeliums fragen, dann geht es um Kreuz und Auferstehung. Dann geht es um die Person von Jesus, der am Kreuz gestorben ist – und der aus dem Grab auferstanden ist. Dann geht es um das Geschehen von Karfreitag und Ostern, das jedes Jahr gefeiert wird.

Beides gehört zusammen: Karfreitag und Ostern - Kreuz und Auferstehung - Leiden und Herrlichkeit - Tod und ewiges Leben - Verlust und Sieg. Und beide Ereignisse – Kreuz und Auferstehung - finden in Raum und Zeit statt. Es sind Daten Gottes, die in die Geschichte der Menschheit eingezeichnet sind. Jesus stirbt in Raum und Zeit – der römische Statthalter ist bekannt (Pontius Pilatus – eine historische Gestalt – Inschriften mit seinem Namen sind überliefert) – die Kreuzigung als von den Römern praktizierte Todesstrafe ist bekannt – der Ort der Kreuzigung ausserhalb von Jerusalem ist bekannt. Man braucht keinesfalls Christ zu sein, um die Kreuzigung von Jesus als historische Tatsache anzuerkennen.

Bei der Auferstehung wird es schwieriger. Auch hier ist der Anspruch eindeutig, dass dies ein Ereignis in Raum und Zeit ist – und nicht etwa ein Gefühl, eine Einbildung oder eine Wunschvorstellung von Christen. Für das leere Grab braucht es keinen Glauben, für die Auferstehung Jesu von den Toten schon.

Dass Jesus von den Toten auferstanden ist, dass er nach dem Tod am Kreuz wieder lebendig wurde, dass er den Tod überwunden und besiegt hat, das ist so einzigartig, dass jede Analogie in der Geschichte der Menschheit fehlt. Es gibt kein zweites Ereignis, das damit vergleichbar wäre. Deshalb entscheidet sich der christliche Glaube an der Auferstehung von Jesus. Wenn wir den christlichen Glauben testen wollen, dann müssen wir ihn hier testen. Deshalb bringt das Paulus im gleichen Kapitel kompromisslos und radikal auf den Punkt: *Ist aber Christus nicht auferstanden, so ist unsre Predigt vergeblich, so ist auch Euer Glaube vergeblich.* (1. Kor 15,14 nach Luther)

Noch etwas fällt hier auf. Kreuz und Auferstehung zielt auf uns! Die ersten Christen und das Neue Testament werden nicht müde, zu betonen, dass beides eine Bedeutung und einen Anspruch für uns hat, der die räumliche und zeitliche Distanz überwindet, ob das nun 20 Jahre (wie bei den Korinthern) oder 2000 Jahre (wie bei uns) sind. Tod und Auferstehung Jesu haben immer mit uns zu tun. Es ist für uns geschehen, für Dich und für mich - und für die ganze Menschheit.

Die Zeugen der Auferstehung

Wie können wir herausfinden, ob etwas tatsächlich geschehen ist? Wir halten Ausschau nach Augenzeugen, nach Menschen, die dabei waren und die uns schildern können, wie es war. So gehen Ermittlungsbehörden auch heute noch bei Unfällen und Diebstahl vor, wenn sie eine saubere Arbeit leisten. Wenn mehrere Augenzeugen vorhanden sind, dann vergleicht man ihre Aussagen auf Übereinstimmung und Unterschiede.

Für die Kreuzigung war es einfach. Weil Jesus öffentlich hingerichtet wurde, deshalb gab es auch entsprechend viele Zeugen. Deshalb bezeugen auch nichtchristliche Schriftsteller der Antike seinen Tod am Kreuz. Bei der Auferstehung ist der Kreis von Zeugen nicht so breit gestreut, weil die Auferstehung nicht öffentlich geschah. Doch auch hier gab es Augenzeugen, die den Auferstandenen gesehen haben. Paulus gibt den Korinthern und uns hier eine Liste in die Hand. Aufeinander folgend führt er sechs Personen oder Personengruppen als Zeugen des Auferstandenen an.

Das besondere daran ist: die meisten der aufgeführten Personen waren zu der Zeit, als Paulus diese Zeilen an die Christen in Korinth schrieb, noch am Leben. Man konnte sie noch befragen. Einzelne waren den Korinthern sogar persönlich bekannt. Was Paulus hier aufführte, war nachprüfbar.

Wir dagegen können diese Zeugen nicht mehr persönlich befragen. Aber ihr Zeugnis ist in den neutestamentlichen Schriften festgehalten. Deshalb sind diese Worte und Schriften zentral für den christlichen Glauben.

Die Korinther waren zeitlich etwa 20 Jahre von Kreuz und Auferstehung „entfernt“. Bei uns sind es bald 2000 Jahre. Aber etwas bleibt sich gleich. Die

Botschaft von Kreuz und Auferstehung Jesu wurde auch bei ihnen durch Verkündigung verbreitet. Und ihr Glaube war nur möglich, weil sie dem Zeugnis der Apostel Vertrauen entgegenbrachten. Das ist auch für uns nicht anders. Unser Glaube an Jesus, den Gekreuzigten und Auferstandenen setzt voraus, dass wir der Botschaft des Evangeliums Vertrauen schenken, so wie sie im Neuen Testament festgehalten ist.

Wichtig ist – und das zeigt uns diese Liste von Auferstehungzeugen auch: unser Glaube an Jesus hat eine solide Basis. Unser Glaube ist nicht einfach etwas, das subjektiv in unseren Gedanken und Gefühlen stattfindet. Unser Glaube ruht auf dem, was der lebendige Gott durch Kreuz und Auferstehung Jesu gewirkt hat – lange bevor wir alle das Licht der Welt erblickten. Wenn wir uns darauf einlassen, dann ist das unsere Antwort auf das, was Gott schon längst für uns getan hat!

Das neue Leben unter dem Vorzeichen der Gnade

Doch durch Gottes Gnade bin ich, was ich bin, und sein gnädiges Handeln an mir ist nicht ohne Wirkung geblieben. (Vers 10)

Paulus schildert aber nicht einfach objektive Tatsachen. Er gibt uns auch einen Einblick, was dieses Evangelium von Kreuz und Auferstehung in seinem Leben auslöst. Das prägende Wort ist hier Gnade.

Das Evangelium schenkt uns ein neues Leben unter dem Vorzeichen der Gnade. Gnade meint: Gott beschenkt mich, ohne dass ich mir das erarbeitet oder verdient habe. Das Evangelium ist an diesem Punkt eine harte Botschaft. Wie gerne würden wir doch dabei mitwirken, uns im Stil von Baron Münchhausen am eigenen Schopf aus dem Sumpf herauszuziehen. Aber es geht nicht. Gnade meint: Gott zieht mich aus dem Sumpf heraus. Gnade meint: es beginnt mit Gott und seinem befreienden Wirken.

Das Evangelium ist die Botschaft der Gnade – auch in unserer gnadenlosen Zeit. Das ist das, was ich Dir heute mitgeben möchte. Wenn Kreuz und Auferstehung bei Dir ankommen, dann ist das Gnade! Wenn Du in Deinem Leben umkehrst und Dich diesem Gott der Liebe zuwendest, der in Jesus Mensch geworden ist, dann ist das Gnade! Wenn Du Schritte in ein neues Leben hineinwagst, das von Gottesliebe und Nächstenliebe gezeichnet ist, dann ist das Gnade! Wenn Dich das Schiefgelaufene in Deinem Leben fast erschlägt und Du dann den Gekreuzigten anschaust, der für unsere Sünden gestorben ist, dann ist das Gnade! Wenn Du Dich zu Jesus, dem Gekreuzigten und Auferstandenen bekennst, dann ist das Gnade! Wenn Du merkst, dass Dir Gott eine Chance gibt, auch wenn andere – vielleicht auch Christen – Dich schon längst abgeschrieben haben, dann ist das Gnade!

Und dann: Gnade Gottes in unserem Miteinander! Was wäre das für eine Wohltat: Kirche und Kirchgemeinde als eine Gemeinschaft von Menschen, die das aussprechen und leben und ausstrahlen: Gnade. Gott hat die christliche Gemeinde so ins Leben gerufen: als eine Gemeinschaft von Menschen, die von seiner Gnade leben. Wo jeder und jede weiss: ich lebe davon, dass Gott mir gnädig ist. Wo wir auch miteinander gnädig umgehen, weil wir einen gnädigen Gott haben. Und wir miteinander sagen können: *Durch Gottes Gnade bin ich, was ich bin, und sein gnädiges Handeln an mir ist nicht ohne Wirkung geblieben.*

AMEN!

Nachwort von Stephan Jütte

Beim erneuten Lesen dieser Predigten, die nun in einem eigenen Band zum ersten Korintherbrief versammelt sind, fühlte ich mich wie einer, der eine Zeitmaschine bestiegen hat. Es wird nun ungefähr acht Jahre her sein, seit Christoph Ramstein diese Predigten in der Kirche Lausen gehalten hat. Gemeinsam mit Leiterinnen und Leitern aus den Lausener Jugendgruppen trafen wir uns damals, um den Sonntagmorgengottesdienst zu besuchen und danach gemeinsam die Predigt zu besprechen. Es war uns damals wichtig, auf diese Weise mit der Kirchgemeinde verbunden zu sein; ich fand die Vorstellung schön, dass wir am Sonntagnachmittag über die selbe Predigt nachdenken, die auch meine damals längst pensionierte Flötenlehrerin, der Konrektor des Gymnasiums, manche unserer Eltern, gemeinsam mit ferner bekannten Menschen aus dem Dorf, gehört hatten. Wenn ich heute diese Predigten wieder lese, so verstehe ich gut, was uns junge Menschen damals hat aufhorchen lassen: Da redet der Pfarrer über einen (ur-) alten Text – einen Text aus einer Zeit, die wir uns gar nicht richtig vorstellen konnten, verfasst von einem Mann, dessen Denken sperrig, dessen Anspruch unbedingt, dessen Radikalität anziehend auf uns wirken musste – und er stellt sich dem Kryptischen, dem Sperrigen, versucht nicht auszuweichen, nicht den Text vor unserer Realität zu relativieren, sondern unsere Realität am Text zu messen. Aus der Differenz zwischen unserer Alltagsorientierung und dem Fremden, das in seiner Predigt an uns herangetreten ist, entfachte sich manch flammende Diskussion in unserer Gruppe. Nicht mit allem waren wir einverstanden und nie waren wir uns alle einig: Darf man Paulus bis heute in dessen Sexualmoral folgen? Wie weit reicht der „gnädige Gott“ und wo habe ich mich selbst aus dem Sumpf zu ziehen? Und wir stimmten energisch zu: Der Nüchternheit seiner Betrachtung der Geistesgaben, dem fröhlichen Zuspruch, den er dem siebten Gebot zu entringen vermochte, dem pragmatischen „forschet nicht nach!“, um das eigene Gewissen nicht unnötig zu belasten.

Was uns angesprochen hat in diesen Predigten, war vielleicht auch der Bezug zu lebensweltlichen Themen, Beispielen, die uns eine Brücke zu bauen vermochten über den garstigen Graben der Geschichte, Kontextualisierungen, die uns eine Relevanz dieser alten Texte verdeutlichten.

Wenn ich diese Predigten heute wieder lese, an meinem Schreibtisch, ohne mit jemandem darüber sprechen oder streiten zu können, dann wird mir anderes deutlich und wichtig, wovon ich glaube, es damals nicht so verstanden zu haben. Wer die Predigten nacheinander liest, wird ihnen ein ernsthaftes Ringen um das Verhältnis von Zeitgenossenschaft und der Wirklichkeit Gottes entnehmen können. Dieser oft fremd und die eigene Selbstverständlichkeit aufstörende Anspruch der Bibeltexte wird dabei ständig in der Spannung zwischen Welt und Gott gehalten, ja knüpft durch historisch fundierte Rekontextualisierung in unsere Gegenwart ein Band zwischen beiden, das immer gespannt ist, aber doch nie reisst. Christoph Ramstein löst diese Spannung nicht entweder zu Gunsten der Welt (Verflüchtigung und Nivellierung des Fremden), noch zu Gunsten der Wirklichkeit Gottes (Rückzug aus der Welt) auf, sondern synthetisiert sie mit Blick auf Jesus von Nazareth (Welt), der Christus (Gottes Wirklichkeit) ist. Dieser (beide diese!) ist für ihn Grund der Gemeinde, Orientierung für die Gegenwart, Schlüssel für die Tür des Textes, Möglichkeit des Sich-selbst-Verstehens, Mitte der Predigt.

Angelegt an eine der Predigten aus diesem Band könnte man formulieren: Gottes Gabe an diese Welt in dieser Welt, wird zum Grund für eine Hingabe, die Kirche und Welt nicht mehr trennen, wohl aber unterscheiden muss. Dann kann man auch vom Sportverein her neu über Gemeinde und Kirche nachdenken, muss die heiklen Themen und die lästigen Mahnungen nicht kaschieren, sondern kann in ihnen Reibungsfläche für das finden, was Christoph Ramstein durch seine Predigten mir immer ermöglicht hat: Eine eigene, neue Auseinandersetzung mit einem ganz alten Text. Es stimmt schon und es ist gut damit zu schliessen: *Durch Gottes Gnade bin ich, was ich bin, und sein gnädiges Handeln an mir ist nicht ohne Wirkung geblieben.*

Stephan Jütte

Printed by Books on Demand GmbH, Norderstedt / Germany